东北全面振兴 辽宁三年行动研究丛书

辽宁省重点主题出版扶持项目

时与势·打造辽宁新“食”力

辽宁食品工业大省建设战略研究

李长吾 著

东北财经大学出版社
大连

图书在版编目（CIP）数据

时与势·打造辽宁新“食”力：辽宁食品工业大省建设战略研究 / 李长吾著．—大连：东北财经大学出版社，2025.7．—（东北全面振兴·辽宁三年行动研究丛书）．—ISBN 978-7-5654-5766-1

Ⅰ．F426.82

中国国家版本馆CIP数据核字第20253BH469号

时与势·打造辽宁新“食”力：辽宁食品工业大省建设战略研究

SHI YU SHI·DAZAO LIAONING XIN “SHI” LI：LIAONING SHIPIN GONGYE DASHENG JIANSHE ZHANLÜE YANJIU

东北财经大学出版社出版发行

大连市黑石礁尖山街217号　邮政编码　116025

网　址：http://www.dufep.cn

读者信箱：dufep@dufe.edu.cn

大连金华光彩色印刷有限公司印刷

幅面尺寸：170mm×240mm　字数：197千字　印张：14.75

2025年7月第1版　2025年7月第1次印刷

责任编辑：李　季　魏　巍　郭海雷　李丽娟　责任校对：石建华

封面设计：张智波　版式设计：原　皓

书号：ISBN 978-7-5654-5766-1　定价：58.00元

教学支持　售后服务　联系电话：（0411）84710309

如有印装质量问题，请联系营销部：（0411）84710711

前　言

当前，全球食品工业已迈入4.0时代，中国正以大食物观重构农业与食品产业的战略版图。辽宁，这片黑土地上的工业重地，正迎来从农业大省向食品工业大省跃迁的历史性机遇。论天时，乡村振兴与东北全面振兴双战略叠加，农业农村现代化与食品产业升级同频共振；论地利，辽宁坐拥环渤海枢纽、东北亚开放门户的区位优势，粮食、水产、畜禽产量稳居全国前列，产业链纵深拓展空间广阔；论人和，辽宁集聚大连工业大学、沈阳农业大学、渤海大学、大连海洋大学、辽宁省农业科学院等科教资源高地，更有辽渔集团、辉山乳业、桃李面包等一批敢闯敢试的企业。然而，面对“大而不强、多而不精”的产业现状，如何将资源优势转化为产业胜势呢？本书认为：建设食品工业大省，归根结底是创造“企业能赚钱、百姓得实惠、地方增税收”的多赢格局。本书的每一页都渗透着“企业视角”——从科研选题的市场导向，到政策设计的投资回报测算，再到品牌建设的消费者心智占领。辽宁的突围之路，在于用“工业思维”重构大农业产业，用“生态思维”整合相关产业链条，用“品牌思维”激活商业文化底蕴。当高校的实验室与企业车间数据互联，当田间地头的原料与跨境电商的订单直接挂钩，当

“辽字号”产品成为品质生活的代名词，一个立足东北亚、辐射全球的食品工业新高地必将崛起于渤海之滨。这，正是本书的雄心与使命。

本书基于“以市场需求为原点、以产业生态为路径、以品牌价值为巅峰”的底层逻辑，为辽宁食品工业大省建设提供系统性解决方案，即推进学科大融合、构建创新大平台、实施产业大战略。

大融合：以学科交叉重塑产业创新基因

食品工业高质量发展的本质是以满足人民日益增长的美好生活需要为目的，提供多元化、个性化的消费食品，其核心竞争力源于“从实验室到生产线”的无缝对接。辽宁高校的使命，绝非闭门造车的学术研究，而是以市场倒逼科研，构建“需求发现—技术攻关—成果转化”的创新闭环。本书围绕“四链融合”方法论：在深入系统研究消费市场的基础上开展有针对性的科研工作，进而以创新链突破关键核心技术，以人才链培育“工程师+企业家”复合型团队，以资金链引导社会资本投向高附加值领域。大连工业大学海产品精深加工正是典范——以海参为例，大连工业大学朱蓓薇院士通过科研攻关，成功研发出海参自溶酶控制技术，将海参产业从传统手工业态升级为现代食品精深加工产业，使海参成为水产品中单品产值最大的品种。在海产品中，海参产量仅占1.3%；鱼类、甲壳类、贝类、藻类等大宗海产品依然大多停留在初级加工阶段，蕴含着巨大的精深加工开发潜力。唯有打破学科壁垒，让食品科学、机械工程、大数据技术、市场营销等专业在产业需求中交汇碰撞，辽宁食品工业才能从“跟跑”转向“领跑”。

同理，辽宁要加快建设现代化产业体系，必须充分发挥省内教育资源丰富、综合实力雄厚的优势，使各高校树立“服务辽宁就是服务中国式现代化”的共识，将学科特色及研究方向建立在与振兴需求和资源禀赋紧密结合的基础上，以新质生产力为导向，聚焦4个万亿级产业基地和22个重点产业集群，促使学科发展精准聚焦市场，推动教育链、人才链与产业链深度融合，形成对全省各主要产业上下游的全面赋能，以优化创新生态强化高质量发展驱动力。

大平台：构建全产业链赋能生态系统

企业投资的核心诉求是“可预期的回报”，而回报的保障在于产业链的完整性与稳定性。辽宁应大力推动校院所之间、校政企之间的合作交流，共同打造“三大平台”：一是原料集采平台（整合全省粮食、水产资源，降低企业采购成本）；二是技术共享平台（建立食品工业中试基地，解决中小企业研发短板）；三是市场对接平台（搭建数字化产销联盟，精准匹配供需）。由大连工业大学牵头，联合大连海洋大学、辽宁省海洋水产科学研究院、大连理工大学共建的大连金石湾实验室便是满足这一诉求的有益实践——从品种选育到加工贮运与安全控制，带动产业链上下游企业集群发展。本书特别强调“风险共担机制”：政府以产业基金撬动社会资本，企业以订单农业锁定原料供应，科研机构以技术入股分享收益。唯有产业链布局完整、供应链稳定有序，且每个环节都“有利可图”，才能形成“企业集聚—行业壮大—生态繁荣”的良性循环。

大战略：以品牌矩阵撬动万亿级市场

产品的终极竞争力是品牌价值。辽宁急需一场“从卖原料到卖品牌”的产业革命：“辽菜”品牌可挖掘本土饮食文化，推动非遗技艺工业化；“辽鲜”品牌可整合大连鲍鱼、盘锦河蟹等资源，打造冷链物流支撑的鲜活产品矩阵；“辽珍”品牌可聚焦人参、鹿茸等特产，开发功能性食品等高附加值品类；“辽礼”品牌可瞄准节日消费，设计具有地域文化符号的伴手礼套装。本书详细拆解了做强“辽米”产业的工作思路：根据我国大米消费趋势，打造特色化“辽米”品牌、多元化“辽米”产品、升级化组合产品、场景化拓链产品，发展新业态、新生态，推动“辽米”产业从传统农业向现代化、品牌化、高端化转型，提高行业企业利润率，满足新型消费需求，更好地推动区域经济发展。品牌战略的本质是“用户体验升级”，唯有让消费者为“辽宁制造”的情感价值买单，产业才能真正跳出低价竞争的泥潭。总之，辽宁应坚持“市场导向，需求牵引；资源聚合，品牌突破；科技赋能，价值跃升；链式发展，生态共建”战略，形成“需求精准洞察→技术持续迭代→产业有机协同”的闭环，实现从规模扩张向质量效益的转型，最终建成具有全国影响力的食品工业高地。

最后，本人衷心感谢辽宁省2023年决策咨询和新型智库专项研究重点课题“关于加快建设食品工业大省的对策研究”的资助，以及所有课题组成员的辛勤工作和贡献。希望本书的研究成果不仅能为辽宁省乃至全国的食品工业发展提供理论指导，而且能为相关政策的制定和实施提供决策依据和参考。

李长吾

2025年4月

目　录

1　**辽宁省食品工业发展形势分析 / 1**

1.1　发展食品工业的重大意义 / 2

1.2　食品工业相关研究成果总结及启示 / 9

1.3　辽宁省食品工业的发展现状 / 23

1.4　辽宁省食品工业的传统优势 / 28

1.5　辽宁省食品工业的比较劣势 / 33

1.6　辽宁省建设食品工业大省的“时”与“势” / 45

1.7　国内食品工业大省发展经验分析 / 49

1.8　食品工业大省的发展特征和经验借鉴 / 55

2　**顺势而为构建食品工业全链条产业 / 64**

2.1　因地制宜推动农产品产地初加工 / 65

2.2　提升食品精深加工产业链发展水平 / 78

2.3　促进食品加工产业集聚 / 94

2.4　推动食品加工技术装备升级 / 103

2.5　加强食品工业标准化建设 / 109

3　**因势利导以食品工业促进三产融合发展 / 115**

3.1　做好“土特产”大文章 / 116

3.2 打好“食品+文化”牌 / 127
3.3 打好“食品+旅游”牌 / 133
3.4 打好“食品+金融”牌 / 139
4 **乘势而上打造食品工业高质量发展多维体系 / 143**
4.1 完善电子商务和物流配送体系 / 144
4.2 基于多元消费场景建立营销、包装、设计一体化方案 / 150
4.3 以大数据驱动食品加工产业智能化转型 / 156
4.4 打造“辽字号”品牌IP / 162
4.5 强化公共服务平台及政策研究与咨询支撑 / 170
5 **发挥地方高校的教育科技人才支撑作用 / 174**
5.1 食品产业人才培养与教育创新 / 175
5.2 科研成果转化机制创新与新技术推广 / 182
5.3 人才链、资金链、产业链与创新链的深度融合 / 189
5.4 推进学科大融合、构建创新大平台、实施产业大战略 / 193
6 **因链施策锻造特色集群 / 197**
6.1 关于做强辽米产业的建议 / 198
6.2 关于大连加快发展预制菜产业的建议 / 206
6.3 关于大连依托海洋生物资源打造全国大健康产业中心的建议 / 210
后记 / 218
主要参考文献 / 221
索引 / 228

1 辽宁省食品工业发展形势分析

1.1 发展食品工业的重大意义

1.1.1 全球食品工业的发展

（1）全球食品工业的发展过程

食品工业关系着国计民生，在国民经济中有着特殊的地位和作用。食品工业是第二产业中的一个重要分支，在第一产业和第三产业之间起着重要的连接作用。食品工业的演进与人类社会的发展历程紧密相关，人类最早的食品生产活动可以追溯至约1.2万年以前。在这一时期，人类从以狩猎采集为主的生活方式逐渐过渡到农业生产。农业革命的发生标志着人类开始自主栽培植物和饲养动物，这一转变极大地改变了人类的生活方式和社会结构。

食品生产在农业社会发展初期以手工操作为主。人们种植、收获、加工食品，都使用的是简单的工具和技术。由于交通不便、通信不发达，食品生产以本地为主，各地形成了各具特色的食品加工技艺和饮食文化。18世纪的工业革命对食品工业的发展起到了巨大的推动作用，机械化生产的引入使得食品加工工艺大幅提升，蒸汽机的发明推动了食品生产的规模化和工厂化。在这一时期，罐装食品的出现解决了食品保鲜的难题，使食品保质期大大延长，推动了食品远距离贸易的形成。20世纪以来，全球化进程的加速推动了食品工业的进一步发展。粮食生产和贸易随着运输和通信技术的进步而更加国际化、复杂化。跨国食品企业的兴起使得食品生产和销售不再受限于地域，全球性的食品产业链逐渐形成。进入21世纪，科技创新成为推动食品工业发展的重要动力，食品安全检测技术的不断进步保障了食品质量和安全，数字化技术的广泛应用使得食品生产管理更加智能化、高效化。

（2）全球食品工业的发展现状和发展趋势

当前，食品工业呈现出多元化、复杂化和国际化的发展趋势。随着消费需求的不断升级，传统单一的食品品类已经难以满足消费者日益多元化的口味偏好，消费者更加注重食品的品质、健康和营养，对有机食品、天然食品和功能性食品的需求不断增长。以方便食品为例，除了传统的方便面、罐头等品类，休闲食品、冻干食品等新品类不断涌现，市场细分程度越来越高。此外，食品工业在原料选择、加工工艺等环节也体现出多样性，如植物基食品、3D打印食品、高压食品等新兴加工食品不断涌现。

现代食品工业已不再是简单的农产品加工过程，而是一个涵盖农业生产、食品加工、包装物流、市场营销等多个环节的复杂产业链条。以乳制品行业为例，其产业链涉及奶牛养殖、原奶生产、乳制品加工、冷链物流、终端销售等多个环节，每一个环节都可能用到复杂的技术和管理流程。同时，食品工业还与生物技术、信息技术、智能制造等多个领域深度融合，进一步增加了产业链的复杂性。

随着全球食品贸易的持续增长，食品市场逐步形成了高度国际化的格局。跨国食品企业通过建立全球供应链和销售网络，向全球供应食品，参与全球食品贸易竞争，同时传播了全球性的食品文化和消费习惯，满足了不同国家消费者的需求。

全球食品工业正经历着前所未有的变革，在个性化、健康化、数字化和可持续发展方面呈现出新的趋势。由于生活方式、文化背景及生理健康的差异，消费者更偏好符合自身需求的食品。例如，运动健身爱好者偏好高蛋白、低糖的食品，老年人则更关注易消化、低盐低脂的健康食品。食品工业正在逐渐为消费者提供定制化的产品和服务，借助人工智能和大数据技术分析消费者的健康状况、饮食习惯及口味偏好，让个性化营养计划、量身定制的食品配方成为趋势。

随着全球健康意识的提升，消费者对食品营养成分的关注程度日益增加。疾病预防、生活质量改善的需求使得食品健康问题受到越来越多消费者的重视，这种健康化的趋势推动了功能性食品和“营养+”产品的流行，无糖、低脂及富含膳食纤维、维生素和矿物质的食品快速增长。未来，健康化食品或将进一步聚焦精准营养补充，这不仅是为了预防疾病，而且可能促进基因层面的健康优化，将食品的生产与消费同个人的健康管理深度融合。

食品工业的发展还将与数字技术深度融合，推动食品行业的智能化升级，重塑食品的生产、流通、消费等各个环节。大数据、物联网等新一代信息技术在食品生产环节的应用日益广泛，食品加工过程更加智能化、精准化。同时，数字化深刻影响着食品市场的消费趋势，消费者可以通过数字平台选择合适的食材，食品生产商也可以根据市场需求和消费者偏好快速调整生产策略。

可持续发展理念正在推进食品工业的绿色化、生态化发展，未来食品产业将全面采用清洁生产与资源循环利用等绿色制造模式，节能减排、低碳技术、可再生资源的使用和食品包装的可回收性等将成为行业可持续发展的重要内容。通过规模化应用生物基材料、可降解包装等绿色产品，减少食品生产全链条的资源损耗，减轻环境负荷。

1.1.2 我国食品工业的发展阶段

民以食为天，食品工业是国民经济的支柱产业和保障民生的基础产业。1949年以前，我国的食品工业发展非常滞后。1949年之后，我国不仅建立了独立且门类齐全的现代食品工业体系，食品工业也已成为国家现代工业体系中的重要产业，产业规模居世界首位，为保障中国及全球的食品供应做出了重要贡献。总体来说，中华人民共和国成立以来，我国食品工业的发展大致经历了以下四个阶段：

（1）1949—1978年：曲折发展阶段

从中华人民共和国成立至1978年改革开放这一历史阶段，我国食品工业在曲折中取得了重要成就。1949—1957年是国民经济恢复和第一个五年计划实施的时期，我国食品工业迎来了发展的高峰，年均增长率达到13.2%。1958—1978年间，受自然灾害等多方面因素的影响，食品工业的发展速度放缓，年均增长率降至4.7%。到1978年，我国食品工业产值相较于1952年增长了469.86%，主要类别的食品产量均显著提升。

中华人民共和国成立后，基于历史和现实的考虑，我国着重发展重工业。当时，主要食品的品种和产量远不能满足我国人民的消费需求，因此解决温饱问题成为治理国家的首要任务，发展食品工业以保障食品供应成为一项严肃的政治使命。尽管资金十分紧缺，但国家仍对食品工业进行了相当规模的投资。同时，我国积极推动农业生产，为食品工业提供了充足的原料。截至1978年，我国粮食总产量达到6 095亿斤，比1952年增长了85.94%；油料总产量达到10 436万担，比1952年增长了24.44%；糖料总产量达到47 637万担，比1952年增长了213.63%。

（2）1979—1992年：经济转型阶段

从1979年开始，我国食品工业进入了新的发展阶段，呈现出持续且稳健的增长态势。在此期间，食品工业总产值增长了3.72倍，年均增长率达到9.84%，为食品供应的稳定做出了重要贡献。在这一时期，国家逐步将食品工业界定为支持国民经济重点发展的产业之一。改革开放初期，我国面临着工业与农业、轻工业与重工业结构失衡，以及积累与消费差距巨大的挑战。为解决这些问题，必然需要优先发展轻工业，而食品工业作为轻工业的重要组成部分具有独特的地位。

食品工业联系着第一产业与第三产业，具有显著的带动效应和倍增效应。自20世纪80年代初开始，我国采取了一系列政策措施，着重支持食品工业的发展。其中，《1981—2000年全国食品工业发展纲要》首次将食品工业视为国民经济的重要行业进行规划、部署和发展。此后，国家相关部门陆续颁布了多项文件，进一步放宽了食品工业的发展政策，并出台了相应的优惠政策。

（3）1993—2012年：快速稳健发展阶段

1992年党的十四大明确了市场经济改革的目标，随后食品工业迈入快速发展阶段。1993—1998年间，食品工业总产值从3 400亿元增长至5 900亿元，年均增长率达11.7%。随着我国加入WTO，尤其是2002年至2008年间，食品工业经历了迅速增长的黄金时期，年均增速高达30%。尽管2008年国际金融危机席卷全球，但2008—2012年间，我国食品工业依然保持了10%以上的增长率，成为推动国内经济增长和扩大内需的支柱产业。

随着食品工业对农业生产和整体经济增长的积极贡献逐渐显现，我国正式将其定位为国民经济的支柱产业，并采取了一系列有力的政策支持。在这一时期，食品安全监管方面发生了重大转变。过去，我国城乡居民消费以基本生存需求为主，食品安全风险更多集中于初级农产品领域，且部分风险的暴露存在滞后性。随着农业和食品工业的蓬勃发展，特别是2003年以来，食品安全问题的复杂性显著提升。为应对这一挑战，我国开始推动食品安全监管体制的改革，逐步完善了以《中华人民共和国食品安全法》为核心的法律法规体系。推进国有食品工业企业的市场化改革、促进民营食品工业企业蓬勃发展以及推动食品工业企业规模化，成为该时期食品工业发展的显著特征。这些举措有效地巩固了食品工业在国民经济中的支柱产业地位，为食品工业持续发展提供了有力支持。

（4）2013年至今：转型升级与新发展阶段

2013年以来，我国食品工业从高速增长阶段进入中高速增长阶段。在这一转型过程中，食品行业不再单纯依赖规模扩张，而是更加注重优化产业结构、提升产品附加值、推动技术创新。在这一阶段，食品工业的自主创新能力得到显著提升，许多龙头企业通过加大研发投入，在多个技术领域取得了突破，整体技术水平逐步接近国际先进水平。例如，在生产工艺、包装技术和食品安全等领域，我国企业逐渐形成了具备自主知识产权的技术体系，为食品行业的持续发展奠定了坚实基础。在“双碳”目标下，越来越多的食品企业更加注重节能减排，全面采用绿色生产方式。例如，2017年我国首个无人食品工厂在秦皇岛投入运营，这标志着食品工业进入了智能化和绿色化的新阶段。此外，食品行业的产业集中度持续提升，逐渐呈现出“大企业主导”的发展趋势。大型食品企业凭借强大的研发能力和品牌影响力，占据了市场的主导地位。

1.1.3 辽宁建设食品工业大省的意义

习近平总书记在新时代推动东北全面振兴座谈会上强调，东北地区“要以发展现代化大农业为主攻方向，加快推进农业农村现代化”“践行大食物观，合理开发利用东北各类资源，积极发展现代生态养殖，形成粮经饲统筹、农林牧渔多业并举的产业体系，把农业建成大产业”“协同推进农产品初加工和精深加工，延伸产业链、提升价值链，拓展农业发展空间，促进农业增效、农民增收”“要以科技创新推动产业创新，加快构建具有东北特色优势的现代化产业体系”“完整准确全面贯彻新发展理念，牢牢把握东北在维护国家‘五大安全’中的重要使命，牢牢把握高质量发展这个首要任务和构建新发展格局这个战略任务”。

辽宁拥有良好的自然条件、丰富的农产品资源、发达的制造业等优势，具备建设食品工业大省的基础和潜力。根据国家和辽宁省的发展战略，辽宁建设食品工业大省的主要意义如下：

（1）有助于促进辽宁农业产业结构的优化升级，促进乡村产业振兴和农民增收，为加快建设辽宁农业农村现代化提供新动力。

农业是食品工业的源头，因此打造食品工业大省的重要前提是要加快推进农业产业结构的优化升级。通过对原字号农产品加工企业的深度开发和延伸产业链条，在提高农产品附加值的同时，推动农业由传统的生产型向加工型、服务型转变，使农业产业体系更加完善。因此食品工业的高质量发展有助于优化辽宁农业产业结构，有利于加快辽宁农业农村的现代化进程。

食品工业的快速发展有助于提升辽宁本地农产品的就地转化规模，吸引更多的资金、技术和人才流向农村，在增加农民收入的同时，有效带动农村地区物流、包装、销售等相关产业的发展，为辽宁打造现代化大农业发展先行地打下基础。

（2）有助于提升辽宁特色农产品的精深加工水平，满足消费者对辽宁食品多样性和特色化的需求，同时有助于拓展辽宁食品产业的合作范围。

当前，消费者对食品的品质、口味、营养等方面提出了越来越高的要求，传统单一的农产品已难以满足日益多元化、个性化的食物消费需求。发展高质量的食品工业有助于将辽宁特色通过精深加工转化为具有辽宁风味、健康功能、便利食用等特点的食品，从而极大地丰富辽宁食品的种类和风貌，在更高水平上满足省内外消费者对辽宁食品的多样化需求。

此外，发展辽宁特色农产品精深加工，有利于东北地区在食品工业领域进行深度合作。由于东北地区的农业资源具有区域上分布不平衡且各具特色的特点，因此实现跨区域农产品加工产业的协同有助于优化地区间的资源配置。如果辽宁在发展食品工业的同时，立足本地特色农业，并且积极拓展与周边省份的合作，形成食品加工业在原料互补、产品差异、市场共建方面的区域协作新格局，不仅可以丰富食品加工原料的种类，发挥各地农业资源的优势，而且能够整合区域的科技创新资源，实现优势互补、协同发展，最终带动东北地区食品产业的全面发展。

（3）有助于推动辽宁食品工业的高质量发展，提升食品质量和安全水平，满足人民群众对美好生活的向往，保障人民群众的身体健康和生命安全，为实现健康辽宁的发展目标提供坚实基础。

深入研究辽宁食品工业加快转型升级、实现创新驱动、推进绿色发展、深化开放合作的措施和路径，有助于提升食品工业在质量安全管控、品牌影响力塑造等方面的综合能力。通过加强食品安全监管、提高生产质量、完善食品溯源等措施，落实食品安全主体责任承诺；同时实施科技创新与改革双轮驱动，提高居民饮食安全水平，降低食品安全风险，为增进人民群众福祉提供重要保障。

建设食品工业大省是实现健康辽宁发展目标的重要支撑，也是健康辽宁建设的重要内容之一，更为健康辽宁建设提供了创新实践方向。通过建设食品工业大省，辽宁可以推动健康食品的研发和生产，推广营养均衡、绿色健康的饮食理念，引导人民群众形成科学的饮食习惯。同时，食品工业的发展还能够带动功能性食品、保健品等健康产业的发展，进一步丰富健康辽宁的内涵。

1.2　食品工业相关研究成果总结及启示

20世纪90年代以来，随着我国经济的快速发展和人民生活水平的不断提高，食品工业逐渐成为国民经济的重要组成部分。一些省份依托当地丰富的农业资源优势，提出了建设食品工业大省的发展战略，希望通过大力发展食品工业，促进农业产业化经营，提高农产品附加值，推动区域经济高质量发展。

江西省较早提出了建设食品工业大省的构想。有学者指出，江西根据市场需求，立足资源优势，决心用8年时间将江西建成食品工业大省。也有学者提出了不同看法，认为一味追求成为食品工业大省，不符合市场经济体制的内在调节规律，这种做法很难成功。还有学者强调，建设食品工业大省必须依靠科技进步，实施名牌战略，大力发展绿色食品、有机食品。

湖南省也把建设食品工业大省作为振兴区域经济的重要战略。有关部门负责人指出，湖南虽是农业大省，却不是食品工业强省，必须增加农业投入，延长产业链条，推动农产品精深加工，把更多的农产品变成商品。同时，要发挥区域资源优势，重点发展优势食品产业，推动产业集聚发展。

进入21世纪，吉林、湖北等省份纷纷把建设食品工业大省作为推动经济发展的重要抓手。吉林省出台政策，把食品工业放到优先发展的战略位置。湖北省提出要发挥区域资源优势，大力发展食品工业，促进农产品就地转化增值。

从现有文献来看，关于食品工业大省的研究也存在一些不足之处。例如，现有文献只提出了建设食品工业大省的总体构想，缺乏对发展思路、实现路径、政策举措等方面的深入分析和系统阐述。目前的研究主要集中在阐述食品工业大省建设的重要意义、区域资源优势等方面，对食品工业大省建设面临的瓶颈等问题关注不够。此外，现有研究多集中于宏观层面的战略分析和政策研究，缺乏基于区域产业发展实际的实证分析和案例研究，对食品工业大省建设的微观基础、发展规律等缺乏深入剖析。由于不同省份在推进食品工业大省建设方面的做法可能存在差异，因此加强区域比较研究，总结推广典型经验做法，对指导食品工业大省建设具有重要意义，但目前这方面的研究还比较薄弱。

同时，有关辽宁省如何建设食品工业大省的研究成果非常少，这既反映出辽宁省在建设食品工业大省方面起步较晚，也说明相关研究工作存在明显滞后，研究的广度有待拓展、深度有待加强。

1.2.1 国内研究成果

（1）20世纪90年代的研究成果

20世纪90年代，我国食品工业进入了一个蓬勃发展的新阶段。这一时期，学者们从产业发展现状、区域布局、关键技术、产业政策等多个角度，对食品工业的未来发展趋势进行了广泛且深入的探讨。

在产业发展现状方面，有研究指出，食品工业已成为国民经济的重要支柱产业，产值规模和增长速度均有显著提高。然而，产业集中度低、产品结构不合理等问题仍较为突出。对此，有学者提出要加快产业结构调整，优化资源配置，提高食品工业的整体素质和效益。与此同时，有学者运用生产集中度指标，对中外食品工业的生产集中度进行了比较分析，发现由于广告投入较多等原因，食品工业的进入壁垒不断提高，生产集中度呈现持续提高的趋势。

如何优化区域产业布局是这一时期研究的另一个重点。有学者建议，东部沿海地区应充分发挥区位优势和技术优势，重点发展高附加值产品。对中西部地区而言，立足资源禀赋，促进初级农产品就地转化增值则更具有现实意义。此外，还有学者提出要因地制宜，突出区域特色，打造优势特色食品产业集群。

这一时期很多学者将技术进步视为推动食品工业发展的重要引擎。例如，有学者系统分析了食品工业技术发展的现状与趋势，提出要大力促进科技成果向现实生产力转化，提高食品产业的技术水平和自主创新能力。在食品工业技术领域，创新被视为突破发展瓶颈的关键。同时，信息技术、生物技术等现代高新技术在食品加工、检测、包装等环节的应用也得到广泛关注。

产业政策环境对食品工业发展的影响也不容忽视。这一时期国家对食品工业的政策支持力度明显加大，出台了一系列优惠措施，在财政、金融、税收等方面给予重点扶持。与此同时，有学者指出，政府在推动产业升级、引导消费等方面仍大有可为。营造良好的制度环境，将是食品工业实现持续健康发展的重要保障。

除此之外，食品工业与相关产业的协调发展问题也深受学界重视。有学者分析了食品工业与农业产业化的关系，提出了促进两者协同发展的对策建议。有学者指出，我国台湾地区的食品工业在繁荣农村经济、带动就业等方面的经验也具有重要的借鉴意义。

（2）2000—2010年的研究成果

这一时期，国内学者围绕产业政策、产业结构调整、质量安全、自主创新、区域发展等重点领域展开了研究。

产业政策方面，这一时期国家高度重视食品工业的发展，相继出台了一系列扶持政策。“十五”期间，调整优化产业结构、推进企业技术进步成为产业发展的重中之重。加入WTO后，面对新的机遇与挑战，加快体制改革，增强自主创新能力，成为提升产业国际竞争力的关键举措。

产业结构调整与优化是推动食品工业转型升级的必由之路。有研究分析了乳制品、粮食加工等重点行业的发展态势，指出优化产品结构及延伸产业链条是实现行业跨越式发展的重要路径。对于农副产品加工业而言，开展技术创新、加强品牌建设是破解发展瓶颈的关键举措。

食品安全与质量问题受到社会的广泛关注。健全法规制度、强化监督管理，被普遍视为加强食品安全治理的重要抓手。同时，从源头上保障食品安全，关键是要加快构建食品安全标准体系，提高标准的科学性、先进性和适用性。

自主创新是推动食品产业发展的不竭动力。研究表明，我国食品工业的科技创新能力与发达国家相比还有较大差距。学界的普遍共识是促进科研成果转化、突破关键共性技术、推动产学研协同创新。对于中小食品企业来说，通过技术引进、消化吸收再创新，借力外部科技资源开展合作，是实现创新驱动发展的现实选择。

不同区域食品产业的差异化发展也被关注。发挥区域资源禀赋优势，走差异化、特色化发展道路，被视为做大做强区域食品工业的制胜法宝。在农产品主产区，立足当地农业资源延伸食品产业链，进而提高农产品附加值，对于促进农民增收、农业增效具有重要意义。培育龙头企业，打造特色产业集群，塑造区域公用品牌，则是推动区域食品产业差异化快速发展的重要路径。

（3）2010年至今的研究成果

2010年以来，在新一轮科技革命和产业变革的浪潮中，我国食品工业迎来高质量发展的新机遇。国内学者紧扣时代脉搏，立足产业发展的战略全局，围绕转型升级、融合发展、创新驱动、质量安全、品牌建设等重点领域展开了深入系统的研究。

如何推动供给侧结构性改革，加快实现食品工业转型升级，是这一时期的主要议题之一。面对日益升级的消费需求，传统的粗放型发展方式已难以为继。因此学界普遍认为，必须顺应消费需求变革趋势，推进食品行业的供给侧结构性改革，加快淘汰落后产能，培育发展新动能，不断优化供给结构，提升食品供给质量和效益。

同时，一二三产业融合发展得到学术界的关注，如何延伸产业链、提升价值链、打造供应链，通过跨界融合实现食品产业的降本增效，被视为催生发展新动力的重要路径。

自主创新仍然是引领该时期食品工业发展的关键所在。“十三五”以来，在创新驱动发展战略的指引下，国家高度重视食品领域的科技创新，产业创新能力明显增强。然而，在食品工业领域，关键核心技术“卡脖子”问题仍然较为突出。若想破解创新难题，必须完善食品全产业链的协同创新机制，突破关键共性技术，加快科技成果转移转化。对食品企业而言，健全研发创新体系，采取产学研用合作模式，是实现创新驱动发展的必由之路。

这一时期，食品安全问题始终是学术界关注的焦点。党的十八大以来，国家不断健全食品安全法治体系，完善食品安全标准体系，加快构建食品安全治理体系。学界提出，要坚持系统观念、问题导向，创新体制机制，强化多元共治，形成政府监管、企业自律、社会协同的食品安全共治新格局。此外，“互联网+食品安全”理念引发广泛关注，运用新一代信息技术推动监管方式创新，成为提升食品安全治理效能的新思路。

品牌建设是做优做强食品工业的法宝。随着消费者品牌意识的觉醒，品牌已成为引领产业发展的核心要素。有研究指出，在新消费时代，食品企业必须加强品牌内涵建设，提高品牌认知度、美誉度和忠诚度，实现从“造产品”到“塑品牌”的战略跃升。同时，发挥龙头企业的引领作用，加强区域公用品牌建设，打造特色产业集群，是实现区域产业跨越式发展的重要路径。

“十四五”时期，食品工业比以往任何时候都更加需要人才引领。完善食品人才培养体系，创新人才培养模式，推进校企协同育人，成为业界的普遍共识。同时，加强食品领域国际人才的交流与合作，善用全球智力资源，对于提升我国食品产业的国际竞争力具有重要意义。

1.2.2 国外研究成果

国外关于食品工业领域的研究成果主要集中在可持续发展、消费者行为、技术创新、食品安全和健康营养等方面。

（1）食品工业的可持续发展

食品工业的可持续发展一直是全球关注的重要研究议题，涉及环境、社会和经济三个维度的平衡与协调。近年来，学术界围绕这一主题展开了广泛的研究，涵盖了供应链韧性、企业社会责任、可持续农业以及食品系统创新等多个领域。

供应链韧性是食品工业可持续发展的重要支撑。阿巴布等（Ababou et al., 2023）通过文献计量方法发现，食品工业供应链韧性的研究成果主要集中在可持续性和环境影响方面，强调了供应链在应对环境变化和食品需求中的关键作用。莫林等（Molin et al., 2021）的研究进一步指出，可持续食品采购是提升供应链韧性的重要手段，其核心在于减少食品浪费、推广可持续包装以及优化供应链管理。现有研究表明，供应链韧性不仅是应对社会突发事件的关键，而且是实现食品工业长期可持续发展的基础。

企业社会责任（CSR）在食品工业可持续发展中扮演着重要角色。何等（He et al.，2022）通过对77篇文献的综述，将食品行业CSR研究归纳为消费者与CSR、供应链与CSR以及企业战略与CSR三个主要领域。研究发现，消费者对可持续食品的需求日益增长，推动了企业在社会责任方面的实践，如减少碳足迹、改善劳工条件等。鲍德温（Baldwin，2018）进一步指出，食品企业通过整合环境、社会和经济目标，不仅可以提升品牌形象，而且能在市场竞争中获得长期优势。

可持续农业是实现食品工业可持续发展的基础。费尔滕等（Velten et al.，2015）通过系统研究指出，可持续农业的核心在于平衡环境、社会和经济三者的关系，具体实践包括有机农业、生态农业和土壤保护等。塞格奎斯特等（Segerkvist et al.，2021）针对农场牛羊肉生产的可持续性进行研究，发现减少温室气体排放、改善动物福利和促进农村发展是实现农业可持续性的关键路径。此外，赫雷罗等（Herrero et al.，2020）强调，食品系统创新（如精准农业和数字化技术）在推动农业可持续发展和实现联合国可持续发展目标（SDGs）方面具有重要作用。

食品系统创新是推动食品工业可持续发展研究的重要内容。例如，比利亚尔迪和菲利佩利（Bigliardi & Filippelli，2022）指出，对于农业食品行业，创新不仅可以提高生产效率，而且推动了可持续发展和健康目标的实现。特谢拉（Teixeira，2018）进一步强调，食品加工行业要采用循环经济发展模式，主要挑战在于减少食品浪费，并实施可持续包装。此外，加米奇等（Gamage et al.，2024）的研究表明，在增强食品系统可持续性和应对气候变化方面，生态农业和创新技术（如精准农业）的潜力显著。

区域实践和政策支持在食品工业可持续发展的过程中发挥着重要作用，也得到了学术界的关注。例如，赫克和奥斯特曼（Höök & Österman，2016）通过对瑞典比尤夫（Bjuv）美食谷的研究，揭示了工业共生和开放式创新在推动可持续食品生产中的重要性。曹等（Cao et al.，2019）针对中国食品加工企业的研究发现，尽管企业在经济可持续性方面取得了进展，但在社会和环境可持续性方面仍需要加强。这些研究表明，区域实践的成功经验可以为全球食品工业的可持续发展提供借鉴，而政策支持是推动实践落地的关键。

另外，有学者认为食品遗产的保护与传承是食品工业可持续发展的重要组成部分。例如，佐基等（Zocchi et al.，2021）指出，食品遗产的认可、合法化和价值化是构建可持续食品系统的三大动力。现有研究表明，保护和传承食品遗产，不仅有助于文化延续，而且能够提升食品系统的多样性。

萨特帕西等（Satpathy et al.，2023）强调了资源枯竭和社会责任问题的重要性，通过分析食品工业的可持续发展实践，呼吁在食品生产中整合环境、社会、经济等方面的要素。卡尔瓦卡等（Karwacka et al.，2020）则从碳足迹的角度对农业食品产业的可持续发展问题进行了探讨，提出了通过应用可再生能源减少环境影响的可持续农业实践方案。朱里等（Juri et al.，2024）进一步探讨了替代性食品供应系统的经济、社会和环境可持续性，为未来食品系统的转型提供了理论参考。

（2）食品行业的消费者行为

食品行业的消费者行为研究是理解市场需求、优化产品开发以及制定有效营销策略的重要基础。近年来，随着消费者对食品安全、健康和可持续性关注度的提升，相关研究逐渐从传统的购买决策模型转向更复杂的多维度分析。

学术界认为，消费者食品价值观是影响其购买决策的核心因素之一。例如，费米-奥拉敦尼等（Femi-Oladunni et al.，2021）通过文献综述指出，食品价值观可分为享乐型、功利型和道德型三类，依据这些价值观可以将消费者划分为不同的食品细分市场。享乐型强调食品的感官体验和情感满足，功利型关注食品的功能性和实用性，道德型则强调食品的安全性、可持续性和社会责任。研究表明，理解这些价值观对于食品生产者、政策制定者和销售者而言都至关重要，因为这些价值观能够帮助他们更好地理解消费者的需求并制定有针对性的策略。

有学者发现，消费者在食品零售环境中的购买意向和选择行为会受到多种因素的影响。例如，卡斯特罗等（Castro et al.，2018）通过范围综述发现，产品属性、价格、便利性和社会规范是影响消费者食品购买决策的主要因素。例如，健康属性（如低糖、低脂）和可持续属性（如有机认证）能够显著增强消费者的食品购买意愿。此外，价格和便利性在快节奏的现代生活中扮演着重要角色，而社会规范（如家庭和同伴的影响）也在潜移默化中塑造着消费者的食品选择行为。

随着食品科技的进步，功能性食品和创新食品等新型食品逐渐进入市场，但其接受度受到多种因素的制约。京登等（Günden et al.，2024）指出，消费者对新型食品的接受度主要取决于产品属性、标签信息和消费者对食品安全的信任。例如，功能性食品的健康宣传和科学证据能够增强消费者的信任，清晰的标签和透明的信息则有助于降低消费者的感知风险。贝克等（Baker et al.，2021）进一步强调消费者对功能性食品的接受程度还受到文化背景和个人偏好的影响，因此企业在推广新型食品时需要考虑区域差异和消费者多样性。

食品安全和可持续性是近年来食品消费者行为研究的重要议题之一。例如，拉克纳等（Lakner et al.，2021）通过文献计量分析发现，消费者行为与食品安全、可持续性之间存在着密切的三角关系。消费者对食品安全的关注不仅体现在对食品质量与卫生的要求上，更延伸至对生产过程透明度和供应链可追溯性的期望。同时，减少碳足迹和推广环保包装等可持续性理念，也逐渐成为消费者选择食品的重要考虑因素之一。洛萨索等（Losasso et al.，2012）指出，提高消费者对食品安全和营养的认知，能够有效改善其饮食行为，从而减少食源性疾病并促进公共健康。

食品消费行为不仅受个人偏好的影响，还深受文化和社会因素的驱动。

伊姆蒂亚兹等（Imtiyaz et al.，2021）指出，在消费者的食品选择中，感官评价、品牌忠诚度和文化背景起着非常重要的作用。例如，在某些文化中，对传统食品的偏好可能会抑制消费者对新食品的接受度；而价格波动往往会削弱消费者的品牌忠诚度。吉内等（Guiné et al.，2020）则强调，食品产品研发成功的关键因素是消费者对创新食品的态度和支付意愿，因此企业需要不断通过市场调查和消费者反馈对产品设计进行优化。

现有研究指出，消费者行为的区域差异为食品企业制定市场策略提供了重要启示。杜齐亚克等（Dudziak et al.，2023）通过对食品市场消费者行为的研究发现，消费者对国内品牌的偏好、价格敏感度以及对促销活动的态度因地区而异。例如，在发展中国家，价格和质量往往是消费者选择食品的主要考虑因素；在发达国家，可持续性和健康属性则更具有吸引力。邓（Deng，2016）指出，基于消费者行为的市场策略能够帮助食品企业更好地满足区域需求，从而提高市场竞争力和品牌忠诚度。

现有研究还发现，消费者行为对食品生产规划也具有重要影响。阿莫里姆等（Amorim et al.，2014）通过建模分析指出，消费者对新鲜产品的需求会显著影响易腐食品的生产规划。研究表明，考虑消费者偏好不仅能够减少食品浪费，还能帮助企业优化生产效率。例如，通过动态调整生产计划和库存管理策略，食品企业能够有效应对消费者需求变化，进而提高供应链的整体韧性。

约翰斯和派因（Johns & Pine，2002）通过对餐饮业消费者行为的综述，强调了整合多种研究方法（如调查法、实验法）的重要性，以全面理解消费者行为。斯滕坎普（Steenkamp，1996）则从跨学科的角度探讨了食品消费者行为的复杂性，指出社会、文化、心理和经济因素的交互作用对消费者选择具有显著影响。帕德贝格和韦斯特格伦（Padberg & Westgren，1979）提出，风险规避倾向和产品采纳进程是影响消费者食品选择的关键因素，这一结论对公共政策和营销策略的制定具有重要启示。此外，切佐特科等

（Czeczotko et al.，2022）还揭示了消费者偏好与健康担忧之间的关系，从而为企业制定平衡健康与市场需求的策略提供了参考。

（3）食品工业的技术创新

食品工业的技术创新是推动行业可持续发展、提高生产效率以及满足消费者需求的重要驱动力。近年来，随着人们对食品安全、健康和可持续性关注度的提升，技术创新在食品工业领域的应用逐渐从单纯提高生产效率转向多维度综合发展。

学术界为食品工业创新模式的研究提供了一个重要的框架，以理解技术进步的路径。比利亚尔迪等（Bigliardi et al.，2020）通过文献综述，提出了食品行业的创新模式包括三种，即开放式创新、线性模式创新和可持续性驱动创新。开放式创新强调企业与外部合作伙伴（如研究机构、消费者）的协同合作，线性模式创新侧重于从研发到市场的单向流程，可持续性驱动创新则将环境和社会责任纳入创新核心。其中，开放式创新在食品行业具有显著优势，能够通过整合外部资源加速技术突破。

可持续性驱动创新是食品行业技术创新研究的重要方向之一。比利亚尔迪和菲利佩利（Bigliardi & Filippelli，2022）指出，可持续性、智能性和健康是食品行业创新的三大核心驱动力。可持续性驱动创新不但关注环境友好型技术的开发，而且强调资源利用效率的提升和废弃物的减量化。例如，通过采用可再生能源和循环经济模式，食品企业能够显著减少碳排放并提高资源利用效率。此外，物联网和区块链等智能技术的应用也为实现食品供应链透明化和可追溯性提供了技术支持。

智能包装和先进加工技术也是食品行业技术创新研究的重要领域。斯帕达等（Spada et al.，2024）系统综述了鲜肉行业的技术创新研究成果，指出主动包装和智能包装在延长食品保质期和提升消费者体验方面具有显著作用。其中，智能包装能够通过传感器实时监测食品状态，为消费者提供食品新鲜度和安全性等方面的实时信息。此外，先进加工技术在保持食品营养和口感的同时，能够有效杀灭病原微生物，从而提高食品的安全性。

研究者发现，传统的食品生产和管理模式正在被数字技术改变。张等（Zhang et al.，2025）强调，在食品生产效率提升、供应链管理优化、消费者信任度提升等方面，人工智能（AI）、物联网、区块链等技术发挥了重要作用。AI技术可以通过数据分析来优化食品生产流程，物联网技术能够实现食品生产设备的实时监控和故障预警，区块链技术则提供了透明的、不可篡改的食品溯源支持。阿松等（Hassoun et al.，2022）进一步指出，在食品加工中应用工业4.0技术（如大数据和增强现实），在提高生产效率的同时，可以为消费者提供个性化的产品和服务。

此外，区域实践和创新网络在推动食品行业技术创新的过程中发挥了重要作用。贝克曼和斯克约尔德布兰德（Beckeman & Skjöldebrand，2007）通过对瑞典冷冻食品集群的研究，揭示了产业集群和网络在促进技术创新过程中的关键作用。还有研究表明，通过构建创新网络，企业能够共享资源、知识和市场信息，从而加速技术突破和市场推广。卡布拉尔（Cabral，1998）通过对巴西食品企业的调查进一步指出，企业规模和行业特性是影响技术创新行为的重要因素，中小企业在技术创新过程中面临资源和技术壁垒，大型企业则更倾向于通过开放式创新获取外部资源。

虽然食品行业技术创新进步明显，但是面临的挑战依然不少。托罗梅德等（Toromade et al.，2024）指出，尽管区块链、物联网和人工智能在食品供应链管理中的应用能够提高生产效率和透明度，但其高昂的成本和复杂性仍是中小企业采用这些技术的主要障碍。此外，消费者对新技术的接受度和信任度仍有待进一步提高，企业对技术创新的认知也有待通过交流来加强。

（4）食品安全和健康营养

近年来，随着全球食品供应链的复杂化和消费者对健康需求的增长，相关研究逐渐从单一领域转向多维度、跨学科的综合分析。兼顾食品安全与营养，是实现全球健康目标的关键举措之一。沃尔斯等（Walls et al.，2019）

通过探讨粮食安全、食品安全与健康营养之间的相互作用，指出三者之间存在显著的协同效应，但也存在一定的权衡关系。相关研究表明，制定协调一致的食品政策是实现三者平衡的重要手段之一。

消费者行为在食品安全和营养领域的研究中也受到关注。有研究建议，政府和企业应该通过教育和宣传来提升消费者的食品安全意识，鼓励其选择更健康、更安全的食品。

食品安全与营养政策的融合也是构建可持续食品体系的重要方向。洛布斯坦（Lobstein，2002）认为，之前的政策过度强调安全与生产而忽略了营养品质，呼吁将营养战略与可持续农业相结合。在保障食品安全的同时，通过推广有机农业、减少食品加工过程中添加剂的使用等措施，提升食品的营养价值。罗伯逊等（Robertson et al.，2004）认为，实现食品安全和营养目标的关键在于多部门政策的协调，因此建议政府、企业和研究机构共同参与政策的制定与执行。

有研究发现，社区健康与食品安全有着密切的联系。例如，诺德哈根等（Nordhagen et al.，2022）指出，食品安全和营养是实现社区健康的基础条件之一。规范食品处理流程并控制食品污染风险，能够有效降低食源性疾病的发生率，进而提升社区整体健康水平。阿兰塞塔（Aranceta，2003）认为，社区营养项目在促进健康饮食和预防慢性病方面具有重要作用，建议通过营养教育和饮食干预来提升社区居民的健康意识。

老年人、婴幼儿等特殊人群的食品安全与营养问题也受到了学术界的关注。科列茨科等（Koletzko et al.，2012）通过对婴儿食品质量和安全的研究，指出全球合作是提升婴儿食品安全的重要途径。制定统一的婴儿食品生产标准并强化国际监管协作机制，有助于切实保障婴儿食品的安全与营养。

学术界认为，在保障食品安全与促进健康饮食之间寻求平衡，是实现大众健康目标的重要挑战之一。例如，伯林盖姆和皮涅罗（Burlingame & Piñeiro，2007）指出，食品的营养价值可能会受到食品安全措施（如食品添加剂的使用）的负面影响。研究建议，要在综合评估食品安全措施的风险与收益的基础上，制定出既能保障食品安全又能提升营养价值的政策。扎法尔等（Zafar et al.，2022）指出，消费者享有获取食品准确标签信息的权利，透明的标签体系有助于消费者做出健康安全的选择。史密斯（Smith，2019）认为，食品污染和食源性疾病仍是威胁食品安全的主要问题，需要农民、监管机构和消费者共同努力来解决。未来研究应该在加强消费者教育与国际合作的同时，进一步探讨如何通过技术创新和政策支持来提升食品安全水平与营养供给。

1.2.3 研究启示

以上国内外研究成果对辽宁建设食品工业大省的启示为：

食品工业大省建设需要着力优化产业结构，通过政策扶持培育具有核心竞争力的龙头企业，提升产业集中度，推动规模化与集约化发展，鼓励企业加大研发投入并增强原始创新能力。各地区应发挥比较优势，走差异化发展道路，如东部地区聚焦发展高附加值食品产业，东北地区依托农业资源优势发展农产品精深加工，同时完善利益联结机制，让农民共享产业红利。

发展的核心在于提高技术创新水平，政府应推动构建产学研用协同创新机制，支持高校、科研院所与企业合作，完善知识产权保护体系，培养引进专业人才，加速科技成果转化；同时，要完善土地、税收、财政等政策体系，深化“放管服”改革，创新食品安全共治机制，构建以信用为基础的新型监管机制。

食品安全是食品工业健康发展的重要保障，必须严格落实法律法规，提高市场准入门槛和监管执法效能，健全地方特色食品安全标准体系。品牌战略也不可或缺，应打造有影响力的区域公用品牌和企业品牌，加强与国际品牌的合作，提升国际竞争力。顺应数字经济发展趋势，加快推进食品工业企业数字化、网络化、智能化转型，运用大数据技术提升精准化生产和个性化定制水平，构建“互联网+”食品经营模式。

食品工业大省建设还需要具有全球化视野，统筹国内国际两个市场、两种资源，支持企业“走出去”，促进内外销产品“同线同标同质”，以高水平开放推动高质量发展。同时，必须重视可持续发展战略，通过推行绿色采购、使用环保包装减少资源浪费，增强食品供应链韧性，精准把握消费者对健康及可持续产品的需求，将食品工业发展与环境保护、资源节约有机结合，以实现长期可持续的竞争优势。

1.3 辽宁省食品工业的发展现状

1.3.1 食品工业企业情况

2023年，辽宁省拥有食品工业企业156 162家。其中，农副食品加工业企业58 915家，食品制造业企业59 582家，酒、饮料和精制茶制造业企业36 508家，烟草制品业企业1 157家。

从省内14个地级市的食品工业企业数量来看，省内第一梯队的城市分别是沈阳和大连，食品工业企业的数量均在2万家以上，注册资本在1亿元以上的农副食品加工业企业和食品制造业企业的数量之和均在50家左右；省内第二梯队的城市分别是营口、锦州、朝阳、鞍山、丹东、铁岭、葫芦岛，食品工业企业的数量均在8 000至10 000家左右，其中营口、铁岭、葫芦岛的大型企业（注册资本在1亿元以上的农副食品加工业企业和食品制造业企业，下同）数量较多，均在14至18家之间；省内第三梯队的城市分别是盘锦、辽阳、本溪、抚顺、阜新，食品工业企业的数量均在4 000至6 000家左右，大型企业数量在12家以内。辽宁省14个地级市食品工业企业数量见表1-1。

表1-1　　辽宁省14个地级市食品工业企业数量

地区	食品工业企业	农副食品加工业企业	食品制造业企业	注册资本在1 000万元以上		注册资本在1亿元以上	
				农副食品加工业企业	食品制造业企业	农副食品加工业企业	食品制造业企业
大连市	23 534	8 651	9 147	436	250	30	20
沈阳市	35 190	11 371	14 361	381	271	32	39
鞍山市	10 069	3 400	3 994	68	41	1	5
营口市	10 924	4 157	4 314	111	59	10	8
盘锦市	4 696	1 967	1 616	111	50	7	4
锦州市	10 455	5 054	3 641	127	46	7	1
朝阳市	10 452	3 703	4 265	119	50	5	3
本溪市	5 669	1 901	2 392	24	22	0	0
抚顺市	6 559	2 322	2 366	50	29	0	2
丹东市	9 787	4 051	3 684	99	71	5	4
葫芦岛市	8 958	4 004	3 121	75	42	7	7
辽阳市	4 466	1 685	1 479	24	16	0	1
铁岭市	9 224	4 025	3 136	142	70	13	3
阜新市	6 179	2 624	2 066	104	35	11	1
辽宁省	156 162	58 915	59 582	1 871	1 052	128	98

说明：表中数据根据“天眼查”2023年的工商登记注册实时数据整理；城市按照2023年地区生产总值排序。

辽宁省食品工业企业数量占全国的比重近20%，表明辽宁省食品工业企业数量庞大，具备一定的产业集聚效应和发展基础，这也为辽宁省进一步优化资源配置、扩大生产规模和提高竞争力提供了可能。企业数量上的优势意味着辽宁省食品工业具有较大的发展潜力，未来在建设食品工业大省的道路上，辽宁省可以通过加强技术赋能、优化产业结构等措施，释放更多产业活力。

统计数据表明，辽宁省食品工业企业的营业收入占全国的比重仅为3.22%，但这并不意味着辽宁省不具备建设食品工业大省的基础，而是表明辽宁省食品工业仍然有较大增长空间。随着消费升级与食品工业转型发展，辽宁省应抓住建设食品工业大省的机遇，通过提升产品附加值、拓展市场空间、推进产业现代化等举措，不断提高食品工业企业营业收入在全国的占比。

辽宁省食品工业企业利税总额占全国的2.7%，略低于营业收入占比，这说明辽宁省食品工业的利润率较低，也说明如果加大政策支持力度，充分发挥辽宁省在农业资源和区域位置上的优势，辽宁省食品工业企业的利润将实现较大提升。

此外，辽宁省作为农业大省，具有丰富的优质特色农业资源，这为辽宁省食品工业的发展提供了充足的原料支持。当前，国家大力推进食品工业高质量发展，特别是在食品安全、绿色生产和数字化转型方面出台了许多政策。如果辽宁省食品工业抢抓政策红利，就可能实现突破性发展。加之当前辽宁省正在实施全面振兴新突破三年行动，食品工业作为其中重要的产业之一，未来将获得更多政策、资金和技术的支持，这些支持也为辽宁省建设食品工业大省营造了良好的外部发展环境。

1.3.2 食品工业基础

当前，辽宁省食品工业运行呈现稳中向好态势，具体来说呈现以下特点：一是政策支持力度加大，相关部门协调联动，有力保障了产业链、供应链的协调稳定；二是内需市场得到释放，产销指标同比增长显著，经济总量指标实现快速增长；三是消费者需求和消费场景均发生结构性变化，直播带货、社交电商、O2O（线上到线下）等消费新模式、新业态有力刺激了消费，拉动了经济增长；四是智能制造的渗透率逐步提升，在生产、监测、包装、仓储、物流等场景落地，赋能食品工业提质增效。

由图1-1可知，辽宁省食品工业企业的营业收入自2017年以来呈现逐年增长的趋势，在全国的位次也在不断提升，从2018年的21名上升到2021年的第12名，这说明辽宁省建设食品工业大省是具有产业基础的。从历史发展结果来看，辽宁省食品工业企业的过往成绩为辽宁省实现食品工业大省的建设目标提振了信心。

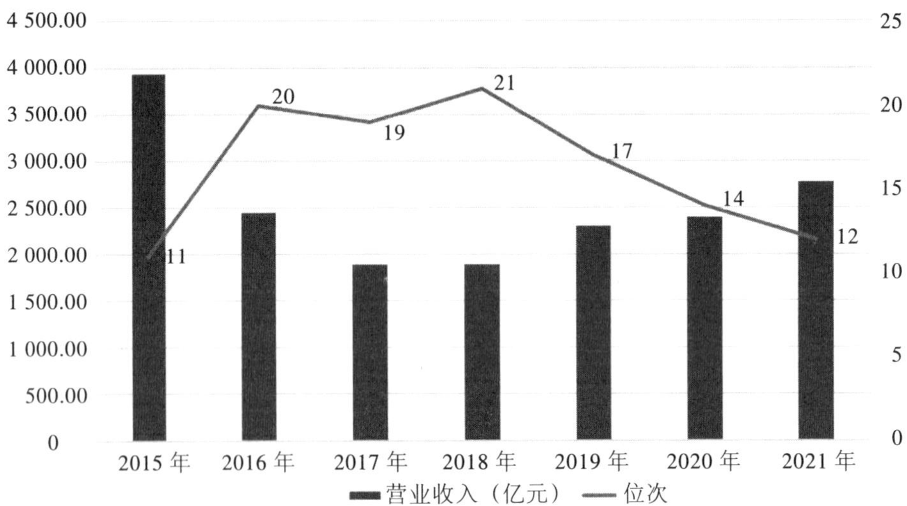

说明：图中数据根据2016—2022年《中国食品工业年鉴》整理。

图1-1　2015—2021年辽宁省食品工业企业营业收入及其居全国位次

辽宁省不断加强食品工业产业链建设，编制包含食品工业在内的《辽宁省“十四五”消费品工业发展规划》，形成了彰显地区资源特色的食品产业链。例如，乳品产业链以沈阳、锦州、阜新、抚顺、铁岭等地为核心区域，培育了一批乳品产业化联合体和龙头企业。生猪产业链以沈阳、锦州、朝阳等地为主要区域，吸引了温氏、牧原、正邦、大北农等大型养猪企业的投资，利用饲料资源和地理优势，降低成本和运输费用，提高市场竞争力，推动了规模化养殖的发展。蛋鸡产业链以大连、海城、黑山、台安等地为主要区域，吸引了咯咯哒、禾丰等大型企业的投资。

水产产业链涵盖了海洋捕捞、水产养殖、水产品加工、水产品流通和消费等环节，形成了一个完整、系统的产业体系。例如，大连围绕水产品推进产业布局及升级，其水产品具有较高的市场知名度和美誉度，同时拥有獐子岛、亚洲渔港、瑞驰、盖世、浩和等一批食品加工品牌企业，这些企业在生产设备、工艺流程、加工管理等方面均处于领先地位。

近年来，辽宁省饮料行业呈现出快速增长的趋势。2024年1月至10月，辽宁省饮料类商品零售额同比增长31.0%，显示出强劲的市场需求。辽宁省饮料工业企业产品结构丰富，涵盖了碳酸饮料、果汁饮料、茶饮料、乳饮料、功能饮料、包装饮用水等多个品类，满足了不同消费者的多样化需求。

辽宁省啤酒行业发展也进入成熟期，增长模式由依靠规模扩张转为品质和品牌提升，坚持传统工艺酿造，面向高端市场开发精酿系列产品，获得了市场认可，保持了持续健康的发展势头。

此外，辽宁省还积极促进产业链上下游对接合作，如组织包装印刷企业与食品企业配套对接，促成沈阳齐太食品有限公司、大连应达塑料彩印有限公司等6家企业达成合作意向等。

2023年，辽宁省纳入调度的农产品加工集聚区共43个，集聚区主营业务收入达到1 692亿元，占全省规模以上农产品加工企业营业收入总额的44%。依托粮油加工、畜禽及肉制品加工、果蔬饮料加工、水产品加工及特色农产品，辽宁省形成了沈北农产品精深加工、台安肉制品加工、大连水产品加工等核心区域。一批国内知名企业相继落户辽宁并投产，如中储粮、汇福粮油、牧原、温氏、新希望六和、正大、安井、双汇、益海嘉里、伊利、国投生物能源、涪陵榨菜等。

2024年是辽宁省实现“十四五”规划目标任务的关键一年，也是推进全面振兴新突破三年行动和建设食品工业大省的攻坚之年。食品工业是国民经济的重要组成部分，也是保障人民群众生活质量和维护食品安全的重要基础。辽宁省作为东北地区的重要省份，拥有良好的自然条件、丰富的农产品资源、广阔的市场空间、国内领先的食品学科等优势，具备建设食品工业大省的基础和潜力。

1.4 辽宁省食品工业的传统优势

1.4.1 辽宁省食品工业的资源优势

（1）具备建设食品工业大省的农产品量级优势

辽宁省作为农业大省，拥有丰富的农产品资源，这是其建设食品工业大省的重要基础。这种“大”不仅体现为农产品种类繁多，更体现为产量规模大。

一方面，农产品种类丰富，为多元化食品工业发展奠定了基础。辽宁省地处东北平原南部，同时具有温带季风气候和海洋性气候特征，适宜多种农作物的生长，这为辽宁省发展多元化的食品工业提供了坚实的基础。在粮食作物方面，玉米、水稻等产量巨大，为粮食加工业提供了充足的原料。在经济作物方面，水果、蔬菜、花生等种类繁多，为果蔬加工、休闲食品等产业提供了丰富的原料选择。在畜牧业方面，生猪、牛、羊、禽等养殖规模较大，为肉类加工业提供了坚实的基础。在水产资源方面，大连等沿海地区拥有丰富的海洋渔业资源，从而为水产品加工业提供了得天独厚的优势。

另一方面，农产品产量规模大，为食品工业规模化发展提供了保障。辽宁省农产品产量规模大，能够满足食品工业大规模生产的需要。其中，粮食总产量长期保持在较高水平，这为粮食加工业的规模化发展提供了有力支撑。水果、蔬菜、畜禽、水产品等产量也位居全国前列，为相关食品加工业的规模化生产提供了充足的原料。

（2）拥有打造食品工业大省的陆海资源全种类优势

一方面，地理位置和自然条件赋予了辽宁省得天独厚的陆海资源优势，使辽宁省食品工业在原料种类上呈现出“全”字当头的特征。辽宁省东临黄渤海的辽阔海域，不仅孕育了海参、鲍鱼、对虾、贝类等丰富多样的海洋生物资源，更赋予了这些海产品得天独厚的鲜美口感，使其享誉全国乃至国际市场。而在内陆地区，优质的人参、鹿茸、松茸更是为辽宁省的食品工业增添了浓厚的地域特色。

另一方面，辽宁省的土特产种类繁多，粮食、蔬菜、水果、畜产品等一应俱全。盘锦大米的香甜、辽西苹果的爽脆、锦州烧鸡的鲜美……这些特色产品不仅彰显了辽宁省食品产业的深厚底蕴，更凭借其品质优势在国际市场上形成了广泛的品牌影响力，为辽宁省食品产业创新发展提供了广阔的空间。

（3）具有支撑食品工业品质提升的优质食品资源

辽宁省位于北纬38至43度之间，这一纬度带的气候条件非常适合农作物和海产品的生长。四季分明的气候和充足的阳光为植物的光合作用提供了理想的环境，使得本区域的农作物能够积累更多的营养物质。此外，这一纬度带的昼夜温差较大，有助于农作物糖分和其他营养成分的积累，从而使产品具有更优质的口感。例如，盘锦大米因其粒大饱满、味道细腻的特点而著称，辽西苹果因其甜脆可口而深受广大消费者的喜爱。

除了气候条件之外，辽宁省的土壤环境也为农产品的优良品质提供了重要保障。辽东半岛及其他农业区的土壤富含多种矿物质和微量元素，这些成分不仅有利于农作物的生长，而且使得辽宁省的农产品具有更高的营养价值。以辽参为例，其富含蛋白质、维生素和多种矿物质，是营养丰富的高级滋补品。

值得一提的是，生物活性物质大量存在于辽宁省的食品资源中。科学研究表明，辽宁省的许多农产品中都富含具有重要保健作用的抗氧化剂、多酚类物质等有益生物活性成分。例如，大连盛产蓝莓，而蓝莓中含有大量的花青素，这种成分具有很强的抗氧化能力；辽参中富含的海参素则具有增强免疫力和抗肿瘤的功效。

总之，辽宁省的食品资源不仅营养丰富、口感一流，而且含有大量的生物活性物质，有益于人体健康，这使得辽宁省的食品产业具有显著的差异化、品牌化、高端化发展潜力，竞争优势突出。

如果辽宁省在提升食品工业附加值和加大品牌建设力度的基础上，把这些高品质、高营养的食品资源推向国内外市场，不仅能够树立辽宁省食品工业“优质、高端、健康”的品牌形象，而且将为辽宁省食品工业的高质量发展开辟更加广阔的空间。

1.4.2 辽宁省食品工业的布局优势

辽宁省是连接华北、东北等地区的重要枢纽，同时拥有发达的海、陆、空运输网络，具备建设东北地区食品物流中心的独特优势。大连港、营口港等港口设施完善，构建了通向世界的食品海运通道；高速公路、铁路网络覆盖面广，能够向国内外快速高效地输送食品产品。

在产业布局上，辽宁省已经培育出以食品加工业为核心的多个产业集群。尤其是沈阳、大连等城市，既是经济中心，又是食品工业重镇，不仅形成了以食品加工业为核心的产业优势，而且配备了完善的食品加工、包装及冷链物流设施，为食品规模化、高标准生产和出口提供了有力支撑。

在特色产业培育方面，辽宁省重点打造了以大连海参、青芥辣根、水果罐头等为代表的沿海地区水产品加工和果蔬加工集群；以辉山娟姗牛乳、安井速冻食品等为代表的中部地区乳制品加工和肉制品加工集群；以食用菌、山野菜等为代表的辽东地区绿色食品加工集群；以米面、杂粮等为代表的辽西北地区粮油加工集群。

沈北辉山农产品精深加工区、大连庄河农产品加工区、朝阳龙城农产品加工区、台安畜产品加工区、海城纺织工业园、本溪中药加工园、东港农产品加工区、西丰鹿产品加工区、喀左农产品加工出口园区、铁岭农产品加工区等产业特色凸显；禾丰、朝阳宏发、韩伟集团等企业充分发挥自身优势，也已形成以饲料、肉鸡屠宰、蛋鸡养殖、海产品养殖和加工为主线的产业综合体；集聚区、产业园、农产品加工龙头企业以及各类农业综合体，正与当地农民种植养殖大户、农民专业合作社等建立更多元的利益联结机制。

此外，辽宁省政府高度重视食品产业的发展，明确提出建设食品工业大省的目标，正在积极推动食品产业的现代化和规模化进程。未来，辽宁省将通过一系列政策支持，鼓励食品企业在技术改造、品牌建设和市场拓展等方面加大投入，并在食品产业园区建设、技术研发等领域给予大力扶持。

1.4.3 辽宁省食品工业的研发优势与人才优势

大连工业大学、沈阳农业大学、渤海大学、沈阳师范大学等高校开设了食品科学与工程、食品质量与安全等相关专业。其中，大连工业大学、沈阳农业大学、渤海大学的食品科学与工程专业和食品质量与安全专业入选国家级一流本科专业。辽宁省农业科学院等科研机构也加强了农产品加工技术与加工装备的研发。

目前，在食品科学领域，辽宁省拥有国家海洋食品工程技术研究中心、海洋食品加工与安全控制全国重点实验室、国家浆果加工技术研发专业中心、国家鱼糜及鱼糜制品加工技术研发专业中心、小浆果工程技术研究中心等国家级科研平台15个，辽宁省农产品加工工程技术研究中心、辽宁省健康食品营养与创制重点实验室、生鲜农产品贮藏加工及安全控制技术国家地方联合工程研究中心、辽宁省海产品精深加工产业共性技术创新平台、辽宁省粮食产后减损工程技术研究中心等省级研发平台30余个，以及各市设立的科研平台100余家。

以大连工业大学朱蓓薇院士为代表的海洋食品研究团队，以沈阳农业大学为代表的农产品加工研究团队、以沈阳师范大学为代表的粮食加工研究团队、以渤海大学为代表的食品安全技术研究团队在国内农产品加工及食品领域具有较高的影响力，多项研究成果获得国家、省部级科研奖励，为食品加工技术研发及产业人才培养打造了强大引擎。

特别是大连工业大学食品学院，2024年荣获全国教育系统先进集体。学院的食品科学与工程学科在教育部第五轮学科评估中位列A类，在ESI（基本科学指标数据库）排名进入农业科学领域全球前1‰，作为“世界一流学科”建设对象入选辽宁省高等学校新一轮“双一流”建设学科名单，学院牵头组建的“食品与健康”学科群入选辽宁省高等学校优势特色学科群。大连工业大学还拥有国家海洋食品工程技术研究中心、海洋食品加工与安全控制全国重点实验室等4个国家级平台，辽宁海洋食品精深加工关键技术省部共建协同创新中心、农业农村部农产品加工质量安全风险评估实验室等7个相关部委研究平台，这些为辽宁省乃至全国食品产业的发展做出了重要贡献。

同时，辽宁省不断加大对食品工业企业科技创新的支持力度。例如，2023年辽宁省科学技术厅公布的全省典型实质性产学研联盟拟组建名单中，食品领域的产学研联盟有20多个。

1.5 辽宁省食品工业的比较劣势

1.5.1 与国内食品工业大省的对比分析

（1）食品工业企业规模小，发展壮大的内生动力不足

辽宁省食品工业企业的规模和数量与食品工业大省相比，仍存在较大差距，特别是作为食品工业驱动力的农副食品加工业企业数量少，规模以上食品工业企业的数量及营业收入偏少且发展速度偏慢，A股、新三板上市食品公司数量更少。

• 食品工业企业数量较少

一是企业总数偏少。2023年，辽宁省农副食品加工业企业和食品制造业企业各有5万多家，约占山东省、河南省数量的一半，也低于四川省和广东省的数量（见表1-2）。

表1-2　辽宁省与食品工业大省食品工业企业发展情况对比

指标	山东省	四川省	广东省	河南省	福建省	辽宁省
A股上市食品公司数量（家）	19	4	15	7	5	3
新三板上市食品公司数量（家）	34	6	31	11	17	3
区域性股权市场上市食品公司数量（家）	94	67	139	72	113	45

续表

指标	山东省	四川省	广东省	河南省	福建省	辽宁省
规模以上食品工业企业数量（家）	3 920	2 442	2 227	2 600	2 465	989
规模以上食品工业企业营业收入（亿元）	11 447.57	8 555.00	8 994.70	7 184.79	6 882.88	3 082.50
农副食品加工业企业数量（家）	10万家以上	74 010	99 776	10万家以上	38 925	58 915
食品制造业企业数量（家）	10万家以上	92 614	10万家以上	10万家以上	51 966	59 582
酒、饮料和精制茶制造业企业数量（家）	10万家以上	10万家以上	10万家以上	78 581	92 505	36 508
烟草制品业企业数量（家）	3 058	4 777	7 892	3 091	2 137	1 157

说明：表中“规模以上食品工业企业数量”和“规模以上食品工业企业营业收入”为2022年数据，根据《中国食品工业年鉴2023》整理；其他数据根据“天眼查”2023年的工商登记注册实时数据整理。

二是规模以上食品工业企业数量偏少。2022年，全国规模以上食品工业企业有38 449家（见表1-3），山东省等食品工业大省的规模以上食品工业企业数量分别占全国总数的5%～10%，辽宁省规模以上食品工业企业数量仅占全国的2.6%。

从本省规模以上食品工业企业数量占本省规模以上工业企业数量的比例来看，2022年辽宁省的占比为11.45%，低于四川省、河南省、福建省的水平(见表1-4)。

表1-3　　全国规模以上食品工业企业营业收入、利润总额及数量

项目	2023年营业收入（亿元）	2023年利润总额（亿元）	2022年企业数量（家）
全国规模以上食品工业企业	90 052.4	6 168.0	38 449
其中：农副食品加工业企业	54 038.6	1 391.2	23 593
食品制造业企业	20 497.6	1 666.8	9 119
酒、饮料和精制茶制造业企业	15 516.2	3 110.0	5 737

说明："2023年营业收入"及"2023年利润总额"根据中国食品工业协会发布的《2023年食品工业经济运行报告》中的数据计算得到；全国规模以上食品工业企业不含烟草制品业。

表1-4　　2022年部分省份规模以上食品工业企业数量及营收占比

省份	规模以上食品工业企业数量（家）	规模以上工业企业数量（家）	数量占比	规模以上食品工业企业营业收入（亿元）	规模以上工业企业营业收入（亿元）	营收占比
山东省	3 920	35 656	10.99%	11 447.57	108 019.9	10.60%
四川省	2 442	16 796	14.54%	8 555.00	54 932.4	15.57%
广东省	2 227	66 803	3.33%	8 994.70	179 878.2	5.00%
河南省	2 600	22 011	11.81%	7 184.79	60 206.8	11.93%
福建省	2 465	21 130	11.67%	6 882.88	70 367.5	9.78%
辽宁省	989	8 639	11.45%	3 082.50	35 854.2	8.60%

说明：表中数据根据《中国食品工业年鉴2023》和公开数据整理计算得到。

三是利润率高的酒、饮料和精制茶制造业企业数量少。2023年，我国农副食品加工业企业、食品制造业企业以及酒、饮料和精制茶制造业企业的利润分别占整个食品工业企业利润的22.6%、27.0%、50.4%。而辽宁省酒、饮料和精制茶制造业企业的数量远低于山东省等食品工业大省。

• 食品工业企业总体规模小

一是规模以上食品工业企业的营业收入偏少。从2022年全国规模以上食品工业企业的营业收入排名来看，辽宁省排名第12位（如图1-2所示）。其中，山东省规模以上食品工业企业的营业收入是辽宁省的3.7倍。

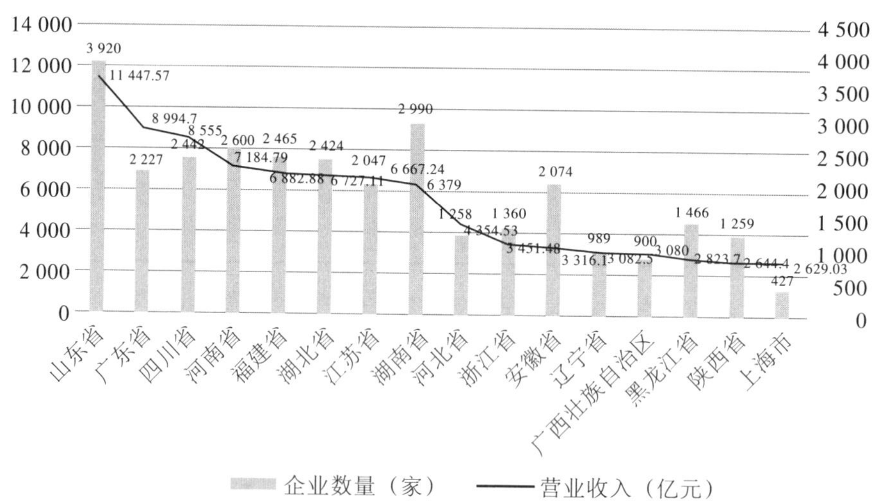

说明：图中数据根据《中国食品工业年鉴2023》整理。

图1-2　2022年部分省份规模以上食品工业企业数量及营业收入

二是规模以上食品工业企业的营业收入增速要达到食品工业大省的水平尚须时间。据测算，2019—2023年，辽宁省规模以上食品工业企业营业收入年均增速约为9.2%。按照当前的发展态势，辽宁省规模以上食品工业企业营业收入将在2024—2027年陆续超越福建省、河南省和四川省，但在未来10年内很难超越广东省和山东省这两个头部省份。

表1-5　2019—2023年辽宁省与食品工业大省规模以上食品工业企业数量及营业收入对比

年份	指标	山东省	四川省	广东省	河南省	福建省	辽宁省
2019	规模以上食品工业企业数量（家）	3 775	2 421	1 997	2 548	2 372	909
	规模以上食品工业企业营业收入（亿元）	7 875.00	7 228.30	7 008.27	6 649.95	6 648.90	2 299.00
2020	规模以上食品工业企业数量（家）	3 193	2 421	2 093	2 685	2 402	932
	规模以上食品工业企业营业收入（亿元）	8 534.80	7 695.50	7 279.04	6 204.45	6 169.07	2 397.80
2021	规模以上食品工业企业数量（家）	3 583	2 442	2 093	2 348	2 368	932
	规模以上食品工业企业营业收入（亿元）	10 189.10	8 501.20	8 349.33	6 660.48	6 660.48	2 777.00
2022	规模以上食品上业企业数量（家）	3 920	2 442	2 227	2 600	2 465	989
	规模以上食品工业企业营业收入（亿元）	11 447.57	8 555.00	8 994.70	7 184.79	6 882.88	3 082.50
2023	规模以上食品工业企业数量（家）	4 311	2 442	2 548	2 876	2 429	1 055
	规模以上食品工业企业营业收入（亿元）	12 084.60	6 444.40	9 222.68	5 353.50	4 998.55	3 274.40

说明：表中数据根据2020—2024年《中国食品工业年鉴》整理。

三是上市公司数量少。2023年，辽宁省有A股上市食品公司3家，分别是桃李面包股份有限公司、禾丰食品股份有限公司、盖世食品股份有限公司；新三板上市食品公司3家；区域性股权市场上市食品公司45家。上市食品公司数量与食品工业大省存在较大差距。

（2）食品工业企业技术创新能力整体偏弱，加工技术装备水平相对落后

一是研发成果数量较少。2023年，辽宁省拥有专利、软件著作权的食品工业企业数量分别为1 050家和185家（见表1-6），与食品工业大省存在较大差距。这表明辽宁省食品工业企业的技术研发成果较少，食品工业核心技术和关键技术缺乏，自主知识产权和核心专利数量较少，标准“领跑者”培育不足，行业领先技术缺乏。

表1-6　**2023年辽宁省与食品工业大省食品工业企业研发成果对比**

省份	高新技术食品工业企业数量（家）	拥有专利的食品工业企业数量（家）	拥有软件著作权的食品工业企业数量（家）
山东省	761	3 979	551
四川省	204	2 424	280
广东省	731	3 584	650
河南省	271	2 146	302
福建省	218	2 276	233
辽宁省	170	1 050	185

说明：表中数据根据“天眼查”2023年的工商登记注册实时数据整理。

二是科技创新投入不足。辽宁省食品工业科技创新投入占工业总产值的比重低于全国平均水平，缺少具有自主知识产权和核心竞争力的技术和产品；产品以传统食品为主，功能型、方便型等高端食品占比较低，市场竞争力弱；企业在预制食品、营养健康食品开发过程中，与高校和科研机构的合作不足。

三是食品工业技术装备水平不高。辽宁省食品工业技术装备主要依赖引

进和仿制，自主研发和制造能力不强，部分关键设备及零部件仍需要依赖进口；部分企业仍使用老旧设备与落后工艺，存在生产效率低、能耗高、产品质量差等问题；缺少针对辽宁特色农产品的精深加工专用机械，装备制造业强省的优势未能有效发挥。辽宁省食品工业企业中，新一代信息技术如5G（第五代移动通信技术）、工业互联网、大数据、云计算等的应用率较低，数字车间、智能工厂建设滞后，全生命周期质量管控能力不足。

（3）多数食品工业企业没有注册商标，企业品牌影响力不足

一是辽宁省拥有注册商标的食品工业企业数量少。辽宁省拥有注册商标的食品工业企业的数量为10 307家（见表1-7），明显少于山东省等食品工业大省。

表1-7　**2023年辽宁省与食品工业大省拥有注册商标的食品工业企业数量对比**

省份	拥有注册商标的食品工业企业数量（家）
山东省	34 135
四川省	15 084
广东省	27 662
河南省	19 311
福建省	22 435
辽宁省	10 307

说明：表中数据根据“天眼查”2023年的工商登记注册实时数据整理。

二是辽宁省食品工业企业品牌知名度有待提高。辽宁省食品工业缺乏具有国内外影响力的知名品牌，地方特色食品的文化内涵与品牌价值挖掘不足，品牌建设投入及宣传推广力度不够，消费者对“辽字号”食品的认知度和信任度偏低。

胡润研究院携手环球首发联合发布的《2022水肌因·胡润中国食品行业百强榜》显示，辽宁省只有桃李面包股份有限公司、十月稻田集团股份有

限公司2家企业上榜，而广东省、四川省分别有11家和10家企业上榜，山东省、河南省、福建省均有4家企业上榜。

辽宁省食品工业其他品牌除禾丰、棒棰岛海参、西丰鹿茸、真心罐头等在全国具有一定影响力外，多数品牌仅在产地本地具有知名度，在省内其他地市的知名度也较低。现有预制菜产品因为主要面向B端及出口，在国内C端市场的品牌知名度不高，在国际上的品牌影响力也有待提高。

辽宁省食品工业对本地特色食品的挖掘和传承不足，研究和保护还不够充分；同时，一些具有代表性和影响力的地方特色食品缺乏有效的宣传和推广，尚未实现产业化、规模化发展。

综上所述，辽宁省食品工业面临企业规模较小、技术创新能力弱和品牌影响力不足等多重挑战。企业规模方面，辽宁省食品工业企业数量少且规模偏小，规模以上食品工业企业的数量及营业收入与食品工业大省存在显著差距，特别是利润率较高的酒、饮料和精制茶制造业企业规模有限，上市公司数量明显不足。技术创新方面，辽宁省食品工业企业的研发成果与自主核心技术匮乏，设备技术水平相对落后，高附加值产品占比较低，企业转型升级进程缓慢。品牌建设方面，辽宁省拥有注册商标的食品工业企业数量少，知名品牌寥寥，地方特色食品的文化内涵挖掘不足，导致国内外市场认知度偏低、竞争力薄弱。这些问题制约了辽宁省食品工业的高质量发展，需要通过推动企业规模化发展、加大技术创新投入和提升品牌价值等措施，实现产业振兴与突破。

1.5.2 辽宁省建设食品工业大省存在的不足

（1）长期以来对食品工业的重视程度不足，政策扶持力度欠缺

食品工业在辽宁省轻工业中占有很大的比重，因此轻工业与重工业产值的比例变化，能够客观反映出长期以来辽宁省对包括食品工业在内的轻工业重视程度不足。

中华人民共和国成立初期，辽宁省轻工业与重工业产值比例在1.0以上，1951年下降至0.91，此后这一比例呈现长期下降趋势，到1960年下降至0.25；之后又呈现缓慢上升趋势，到1982年达到0.58，但是从此一直到2001年又逐步下降至0.23；2006年，辽宁省轻工业与重工业产值比例为0.21，虽然缓慢上升至2013年的0.27，但是之后又缓慢下降到2020年的0.15。

从广东、浙江、山东、福建、江苏等轻工业发达的省份来看，轻工业与重工业产值比例整体呈现下降趋势是一个共同的特征。例如，广东省轻工业与重工业产值比例从1949年的7.1一直下降到2020年的0.44，浙江省从1949年的9.38下降到2020年的0.51，山东省从1949年的9.2下降到2020年的0.40，江苏省从1949年的17.1下降到2020年的0.31。不过上述省份始终在大力发展轻工业，尽管轻工业与重工业产值比例长期呈现下降趋势，但相较于辽宁省，这些省份的这一比例仍处于较高水平。

与食品工业大省相比，辽宁省发布的涉及食品工业的政策法规较少。截至2024年底，辽宁省出台且生效的涉及食品工业的地方性法规、地方政府规章、地方规范性文件、地方工作文件共计201件（中国法律资源库数据），在全国排名第14位，而山东、广东、四川、河南等食品工业大省发布的此类政策法规的数量分别为322件、343件、318件、794件。从发布时间来看，辽宁省发布的涉及食品工业的政策法规中，2001年、2003年、2005年、2006年各出台1件，2007年至2013年间未发布任何相关政策，2014年、2015年、2017年、2018年出台相关政策后，2019年至2022年间也未发布任何食品工业相关政策。

政策数量相对偏少，且多年未出台食品工业相关政策，说明辽宁省在食品工业领域的政策扶持与法规建设方面相对滞后，缺乏足够的政策引导和法规保障，未能从政策层面充分重视食品工业的发展，从而在一定程度上制约了辽宁省食品工业竞争力的提升和可持续发展。

（2）食品工业管理体制机制有待进一步理顺，管理效能有待提升

辽宁省食品工业管理体制尚未形成统一体系，还存在多头管理、协调不畅、监管缺位等问题。由于食品产业涉及农业、工业、商务、卫生等多个部门，各部门协作水平还有待提升，在规划编制、政策制定、监督检查等方面还需要进一步加强联动合作。

辽宁省食品工业的管理机制也存在一定的局限性，在体制机制创新方面还有待加强。食品工业本质上是一个市场化程度很高的行业，它面临着激烈的市场竞争，需要不断适应消费者需求的变化。然而，当前的管理体制过度依赖行政干预，缺乏以市场为导向的机制，激励措施的力度与发达省份相比也存在差距。政府对企业干预过多，导致食品工业企业在应对市场变化和推进产业升级时，缺乏足够的灵活性与自主性。

此外，辽宁省食品工业的管理效率也有待提升，在数字化与智能化管理手段的应用上仍有改进空间。由于食品工业涉及的生产经营主体很多，因此必须构建完善的信息化管理平台与追溯系统，加强风险监控和预警，以提升监管效能。然而，当前的体制机制与监管措施在这些方面仍存在不足，迫切需要加以完善和提高。

（3）食品工业企业的省内市场容量狭小，拓展省外市场的竞争力不足

山东、四川、广东、河南等食品工业大省的人口数量在8 000万到13 000万，这为省内食品工业企业提供了广阔的本地市场空间，使食品工业企业能够借助本省市场资源实现发展壮大。辽宁省的人口数量目前为4 000多万，而山东、四川、广东、河南等食品工业大省的人口数量是辽宁省人口数量的2到3倍，因此辽宁省内食品工业企业面临的市场空间狭小，不利于省内企业凭借低成本优势与外省知名食品工业企业开展竞争。总之，由于人口基数较小，再加上省外食品工业企业的竞争压力，辽宁省食品工业企业的市场空间受限。

辽宁省内较多食品工业企业主要立足本地市场，如铁岭市稻香村食品有

限责任公司，将客户群体定位为铁岭市居民，产品仅在本地销售，未拓展至省内其他城市，企业依据本地市场容量确定生产规模，因此面临的市场环境相对稳定。这种经营模式一方面使企业陷入“舒适区”，缺乏扩大生产经营规模的动力；另一方面，当城市人口增速放缓、老龄化问题凸显时，企业扩大规模的外部条件也会随之丧失。

食品工业大省的发展经验表明，省内食品工业企业若要不断发展壮大，必须大力拓展国内市场。然而，与满足省内市场相比，食品工业企业开拓外地市场必须具备竞争优势，而这恰恰是辽宁省食品工业企业所缺乏的。一方面，辽宁省食品工业企业对全国食品市场的把控能力不足，缺乏开发满足当下消费者需求的新产品的技术能力，对消费者需求的理解也不够深入，因此开发的产品很难获得省外消费者的认可。另一方面，辽宁省食品工业企业的产品创新意识不强，与食品工业大省的企业相比，在新产品开发和全国市场开拓方面行动力不足、节奏迟缓，经常被省外食品工业企业抢占商机。

调研中我们还发现，辽宁省内食品工业企业的政策诉求多集中在希望政府提供市场开拓补贴方面；同时，企业家精神匮乏，尚未树立起市场竞争的信心与意识。辽宁省食品工业企业的市场占有率和出口创汇能力不强，市场布局主要集中在东北地区，对外地市场的渗透力不足，缺乏有效的营销策略与营销渠道，致使其难以扩大市场份额和提高影响力。

在市场开拓方面，福建省的经验非常值得辽宁省食品工业企业学习。从人口基数来看，福建省与辽宁省都是4 000多万人，但是福建省的食品工业发展优于辽宁省。在辽宁省内的各大超市中，来自福建省的食品种类繁多、品质优良，多个品牌已完成辽宁省市场布局。这表明福建省的食品工业企业在省外市场开拓方面步伐迅速，不仅新产品研发效率高、产品流通渠道畅通，部分企业甚至在辽宁省内布局连锁超市，大力推销企业自主生产的各类预制菜食品。

（4）食品行业现代企业制度建设有待加强，现代化管理水平不高

2019年中国轻工业企业管理协会发布的轻工企业管理现代化创新成果名单显示，辽宁省仅有大连盐化集团有限公司1家企业上榜，而山东省、浙江省、江苏省分别有11家、7家、5家企业上榜。2020年、2021年和2022年该榜单中，再未见到辽宁轻工企业的管理现代化创新成果。

辽宁省食品工业企业的管理理念与模式相对滞后，大多仍沿袭传统管理范式，存在重生产轻市场、重规模轻效益、重控制轻激励、重稳定轻变革的问题。这些管理理念与模式已无法适应市场经济的发展需求，不利于企业竞争力与创新能力的提升。

辽宁省食品工业企业的管理组织与机制僵化，缺乏灵活性，普遍存在管理层级冗余、职能部门过多、决策流程冗长、协调沟通不足等问题，既不利于快速响应市场变化，也难以激发员工的积极性和创造性。

辽宁省食品工业企业的管理信息化水平与技术能力较弱，缺乏数字化与智能化的支撑，既无法及时收集、分析、处理、传递各类管理信息，也难以有效支持企业的战略规划、运营决策、质量控制、风险防范等管理活动，管理效率与水平较低。

辽宁省食品工业企业缺乏具备现代管理知识、技能与素养的管理人才，致使企业的领导、组织、协调、监督等各项管理工作难以有效开展；同时，企业管理文化匮乏，致使企业的价值观、理念与精神等难以得到有效塑造、传承与弘扬。

综上所述，辽宁省食品工业在政策扶持力度、管理体制机制、市场拓展能力及企业现代化管理水平方面存在明显短板，严重制约了产业的高质量发展进程。从政策扶持力度上看，辽宁省发布的涉及食品工业的政策法规数量少，连续性和针对性不强，缺乏对行业发展的有效引导和支持。从管理体制机制上看，多头管理与协调不畅导致运行效率低下，加之市场化导向不足、监管体系滞后，导致企业在应对市场变化时缺乏灵活性。从市

场拓展能力上看，辽宁省内市场容量有限，企业开拓省外市场的竞争力不足，产品创新意识不强，缺乏有效的营销策略与营销渠道，难以形成全国性品牌。从企业现代化管理水平上看，管理理念与模式滞后，管理组织与机制僵化，管理信息化水平与技术能力较弱，高水平管理人才及企业管理文化匮乏，导致企业适应市场变化的能力不足。因此，推动辽宁省食品工业高质量发展，需要在上述方面实施全方位改革与系统性提升。

1.6 辽宁省建设食品工业大省的“时”与“势”

1.6.1 辽宁省建设食品工业大省的“时”

2023年9月7日，习近平总书记主持召开新时代推动东北全面振兴座谈会并发表重要讲话，为新时代东北全面振兴谋篇布局。这不仅为辽宁省经济社会的发展指明了方向，而且为辽宁省食品工业的高质量发展带来了新的历史机遇。从“时”的角度来看，当前正是辽宁省向食品工业大省迈进的关键时期，无论是政策环境的红利释放、资源禀赋的厚积薄发、市场需求的升级扩容，还是国际合作的纵深拓展，都推动了辽宁省食品工业的高质量发展。

（1）政策引领为食品工业发展带来历史契机

当前，国家高度重视东北全面振兴，明确提出要把保障农业和食品安全作为国家发展的核心任务，这既为食品工业的发展提供了坚实的政策支持，也为辽宁省食品工业的战略定位指明了方向。在乡村振兴战略和大食物观的指引下，食品工业已经超越传统意义上的农产品加工范畴，成为推动农业农村现代化、实现农村经济转型升级、促进城乡一体化的重要抓手之一。

辽宁省作为农业大省和重要的工业基地，拥有丰富的农业资源、坚实的产业基础和优越的区位条件，迎来了发展食品工业的历史契机，特别是新时代“六地”目标的提出，为辽宁省在新时代锚定发展新坐标指明了方向。

通过聚焦农产品精深加工、完善农业产业链，辽宁省将推动食品工业向集聚化发展与产业升级跨越，依托国家政策红利迅速跻身食品工业大省行列，从而为区域经济发展开辟新赛道。

（2）消费升级是发展食品工业的市场机遇

当前，我国正处于居民消费结构快速升级时期，消费者对功能性食品、健康食品、绿色食品以及方便食品的需求呈现出显著增长态势，这为辽宁省食品工业的发展带来了前所未有的市场机遇。依托本地丰富的农业资源，辽宁省可以重点开发高附加值食品，如预制菜、功能性饮料、有机食品等，以满足新兴消费需求。同时，以大食物观为引领，辽宁省可以积极探索新的消费场景，将传统食品与现代生活方式有机结合，打造具有辽宁地域特色的优质食品品牌，从而进一步提升“辽字号”食品在省外市场的份额和竞争力。

此外，在国家高度重视扩大内需的背景下，食品工业作为消费品产业的重要组成部分，必将成为拉动国内经济增长的重要引擎之一。辽宁省应抓住这一历史机遇，在全国范围内推广盘锦大米、大连海参、辽西杂粮等特色食品，在食品工业上持续发力。

（3）共建“一带一路”为食品工业国际化发展提供契机

在共建“一带一路”背景下，辽宁省正迎来融入国际市场、推动食品工业外向型发展的重大机遇。辽宁省地处东北亚经济圈的核心地带，与日本、韩国、俄罗斯等国家地理位置邻近，具有大规模发展食品国际贸易的优势地位。辽宁省可以利用自身的港口优势，进一步加强与国际市场的联系，积极引进国外先进的食品加工技术和管理经验，从而提升食品工业的现代化水平。同时，辽宁省还可以向共建“一带一路”国家推广自身优质的农产品，扩大国际市场份额，打造具有全球竞争力的食品品牌。

在东北亚区域经济一体化背景下，辽宁省有机会与周边国家在食品工业领域开展深度合作，共同构建跨国农业加工和食品制造产业链。例如，与日本、韩国合作开发高端功能性食品，与俄罗斯合作拓展粮食和乳制品贸易。通过这种国际合作，辽宁省不仅能够提升食品工业的技术水平和产品质量，而且能够推动整个产业的全面升级，为区域经济发展注入新的活力。

（4）振兴区域经济客观上要求加快食品工业发展步伐

从区域振兴的角度看，发展食品工业既是辽宁省推动经济转型的重要路径之一，也是实现农业增效、农民增收、农村现代化的重要抓手。作为连接农业与工业的重要桥梁，食品工业不仅可以为农业产业化提供支撑，而且能够带动相关产业链的延伸，创造更多省内就业机会，促进东北地区经济的整体振兴。

东北全面振兴关系到中国式现代化发展的全局，辽宁省作为东北全面振兴的重要一环，要抓住这一历史机遇，将食品工业作为振兴经济的重要突破口。通过强化政策支持、拓展市场空间和深化国际合作，辽宁省完全有能力实现从传统农业大省向现代食品工业大省的跨越。

1.6.2　辽宁省建设食品工业大省的“势”

（1）农业资源与区位优势

丰富的农业资源和独特的区位，是辽宁省发展食品工业的坚实基础。辽宁省作为我国重要的农业大省，土壤肥沃，有众多优质产粮区，农副产品丰富多样。大连、营口等城市不仅是水产养殖的重要基地，也是海产品加工和出口的核心区域。辽西地区以杂粮种植闻名遐迩，辽南地区则以水果种植独具优势。这些特色农业资源为辽宁省食品工业提供了多元化的原料供给支撑，构筑起辽宁省食品工业发展的坚实资源基底。同时，辽宁省拥有联通东北内陆和国内外市场的重要区位优势，毗邻渤海、黄海，港口物流体系发达，处于东北亚经济圈的核心节点位置。

结合新时代东北全面振兴战略部署，辽宁省可以充分利用这些优势资源，通过资源优化配置，加强与周边地区的农产品跨区域流通和产业协作。一方面，建立区域性农产品加工与流通网络，形成以辽宁省为中心、辐射东北三省及京津冀地区的农产品供应链，推动东北地区食品工业的协同发展。另一方面，整合沿海资源优势，打造集水产捕捞、生态养殖、精深加工、跨境出口于一体的现代化水产品产业链，全面提升辽宁省水产品加工的国际竞争力。

辽宁省具有深度融合农业资源与工业资源的基础，有条件开展地方特色农产品（如大连海参、盘锦大米、辽西杂粮等）的精深加工，进而提升特色农产品的附加值，打造一批具有市场影响力的区域品牌；同时，通过引入现代化农业加工技术和智能化物流体系，推动传统食品工业向现代化、集约化、规模化方向发展，进而构建具有辽宁特色的食品工业产业集群，为辽宁省经济的振兴注入强劲动能。

（2）技术创新优势

习近平总书记指出，创新是引领发展的第一动力，是建设现代化经济体系的战略支撑。辽宁省应紧抓国家加大科技研发投入的机遇，推动食品工业的技术升级与产品创新。例如，引入生物工程技术改进食品加工工艺，采用物联网技术优化食品生产与供应链管理体系，从技术层面提高食品安全和质量控制水平，为食品产业注入新的竞争力。

（3）绿色发展优势

为深入贯彻习近平总书记关于绿色发展的重要指示精神，辽宁省食品工业还应以节能减排和资源循环利用为目标，系统推进绿色工厂建设、环保技术应用、绿色供应链构建，推动食品生产过程的绿色转型，提升食品工业的整体形象。

（4）人才培养优势

在建设食品工业大省的过程中，辽宁省应与大连工业大学等省内高校和食品相关科研机构深入合作，培养一批既掌握技术又精通管理的食品工业复合型人才；同时，通过校政企合作建立食品产业实训基地和研发中心，提升人才的实操能力和创新水平，为辽宁省食品工业提供持续的人才支持和智力保障。

1.7　国内食品工业大省发展经验分析

借鉴国内其他省份的成功经验，对推动辽宁省食品工业高质量发展具有十分重要的意义。国内食品工业领域走在前列的一些省份，已经形成了很多成熟的模式，可以复制推广。辽宁省通过学习和借鉴这些地区的先进经验，能够在激烈的市场竞争中少走一些弯路，迅速找到适合自身的发展道路。本书将以山东、四川、广东、河南、福建为例，系统总结国内食品工业大省发展的典型经验。

1.7.1　山东省发展经验总结

（1）政府战略部署与政策支持

山东省积极推进食品产业高质量发展，2021年发布了《山东省特色优势食品产业集聚区培育实施方案》，开展省级特色优势食品产业集聚区的认定工作；2023年确定8个省特色优势食品产业集群，打造以海洋食品、肉制品、植物油、酒类、果蔬加工、休闲食品、保健功能食品、生物发酵制品等为重点的产业集聚区。

（2）加强食品全产业链协同发展

山东省通过实施源头提升行动，选育拥有自主知识产权的畜禽、水产、农作物等食品加工专用品种，重点培植育繁推一体化种子企业，为全产业链协同发展奠定了坚实基础。同时，山东省积极培育新型农业经营主体，构建现代农业生产经营体系，推动龙头企业与中小企业协同发展。此外，山东省还注重提升精深加工综合水平，加快推进新型非热加工、新型杀菌等技术升级，提高食品精深加工比重。在流通环节，山东省鼓励食品企业引进智能装备、绿色包装、立体仓储、线上检测仪器等先进装备和质检技术，建设了覆盖全省、服务全国的冷链物流体系。

（3）培育具有鲁菜特色的预制菜产业

山东省依托丰富的农产品资源和食品加工基础，开发具有鲁菜特色的预制菜产品，满足消费者的多样化需求。例如，潍坊市出台《潍坊市预制菜产业高质量发展三年行动计划（2022—2024年）》，明确提出打造“中华预制菜产业第一城”目标。山东预制菜产业在潍坊、烟台、青岛、淄博、威海、临沂、德州等地已呈现竞相进发态势，形成“雁阵形”预制菜产业集群。

1.7.2 四川省发展经验总结

（1）加大企业培育力度

四川省加大企业培育力度，建立重点龙头企业联系服务机制，精准实施“一企一策”，建设了一批现代化的食品精深加工龙头企业，如千禾味业、新希望乳业、天味食品等；加快食品加工中小微企业梯度培育，落实中小企业扶持政策，培育了一批食品饮料领域省级专精特新中小企业。组织实施“贡嘎培优”行动，将天味食品等企业纳入“贡嘎培优”企业名单。

（2）推动农产品加工园区建设

四川省依托重点农业基地，就地就近建设农产品加工园区。编制《四川省农产品加工园区发展指南》及《全省农产品加工示范园区发展白皮书》，围绕“一园一主业、园区有特色”的发展格局，指导各地利用园区平台错位发展、入园发展。

（3）大力推广知名品牌

四川省重点宣传推广“四川白酒”“天府龙芽”“天府菜油”“预制川菜”等“川字号”知名品牌；组织“川酒全国行”“中国（成渝）美食工业博览会”等活动，提升省内食品企业的品牌知名度。同时，组织食品企业参与各类展销会，拓宽产品销路，提高市场占有率。

（4）出台系列扶持政策

“十四五”时期，四川省出台了一系列扶持政策，积极推进全省食品产业高质量发展，明确了全省食品产业发展的方向和实现路径。例如，出台《推动四川白酒产业高质量发展的若干措施》，积极构筑世界级优质白酒产业集群新优势；出台《支持预制菜产业高质量发展的若干措施》，强化预制菜新赛道产业政策支持。

（5）加强食品产业绿色发展

四川省实施食品产业提质倍增计划，推进“三品”战略，瞄准健康营养、功能保健等市场需求；支持企业加快产品创新步伐，开发有机食品、功能性食品、婴童和适老化食品，推动食品产业健康化、绿色化发展。

1.7.3 广东省发展经验总结

（1）出台系列政策和措施，促进食品产业发展

2023年，广东省组织开展“粤食越好　粤品世界”推动食品工业提质升级专项行动，从规划、投资、集群、企业、宣传、服务六个方面推动食品工业提质升级，打造千百亿特色产业集群。同年12月，广东省发布《关于打造世界级食品制造贸易高地的实施意见》，打造包括民生保障食品、时尚和特色食品、高端健康食品、老年和婴童食品、保健食品、宠物食品在内的多元化多场景食品供给体系。

（2）推动食品工业“三大方阵”梯次发展

广东省筑牢“三大方阵”，推动千百亿集群提质增效。推动广州、佛山、东莞千亿级第一方阵改善产业发展环境，发展饲料、食用植物油、饮料产业集群；培育发展百亿级第二方阵，支持深圳、江门、湛江做大饮料、调味品、水产品加工等特色产业；培优做强特色园区第三方阵，鼓励佛山三水和河源高新区饮料园区、东莞麻涌和潮州饶平潮州港粮油加工园区、阳江阳西调味品园区、湛江遂溪水产加工园区、江门蓬江食品特色园区、茂名高州饲料园区、广州南沙、梅州广梅园、粤港澳大湾区（肇庆高要）预制菜产业园等食品特色产业园，引进食品产业链上下游企业，落地建设重大补链稳链延链强链项目，提升园区特色产业集聚度和竞争力。

（3）积极拓展国内和国际市场，促进产业对外合作

组织食品企业参加食品产供销活动，如全球高端食品及优质农产品（深圳）博览会、中国进出口商品交易会、中国国际进口博览会、日本东京食品与饮料展览会、新加坡国际食品与酒店用品展、德国科隆世界食品展览会等；支持食品企业参加“粤贸全球”“粤贸全国”系列经贸活动，培育买世界、卖世界的食品消费领头羊，打造全国性、全球性的食品工业展销平台。

（4）成立预制菜装备产业发展联合会，助力预制菜制造标准化规模化

2023年，经广东省民政厅批准，广东省预制菜装备产业发展联合会成立。广东省预制菜装备产业发展联合会涉足农产品加工、团餐中央厨房、食品加工科研院所以及预制菜设备等多个领域，致力于通过自动化、智能化装备制造，提升预制菜制造的标准化和规模化水平，进而构建一个开放、多元、融合、共生、互利的预制菜产业发展生态体系。

1.7.4 河南省发展经验总结

（1）建立完善的食品全产业链

多年来，河南省食品工业通过集群式发展，已拥有完善的设备、包装、物流体系，形成了食品全产业发展链条。在此基础上，河南省培育了众多享誉国内外的大型食品企业，如三全食品、思念食品、千味央厨、白象、双汇、牧原等。

（2）推动龙头企业带来集群效应

龙头企业为河南省的食品工业注入了蓬勃的生命力，以龙头企业为引领的产业集群效应日益显现。例如，“中国食品名城”漯河采用“工厂+种植养殖区”一体化模式，农产品从种植养殖区到食品加工厂的流转甚至无须出园区。双汇、卫龙等龙头企业围绕辅料种植园布局建厂，将辅料加工成香料、调味品后，直接送到火腿、辣条等产品的生产车间，充分发挥了龙头企业的产业带动效应。

（3）营造优质营商环境吸引国内外食品行业领军企业入驻

河南省深化“放管服”改革，大力推进政务服务“一网通办”，将食品生产许可审批时限压缩至法定时限的60%，特别是在郑州、漯河等食品产业集聚区试点“承诺制+标准地”模式，从而极大地降低了食品企业制度性交易成本。在基础设施方面，河南省依托“米”字形高铁网络和郑州航空港区的国际物流枢纽地位，构建起24小时通达全国的冷链物流体系。河南省还利用自贸试验区的政策优势，建立进口食品“一站式”检验监管模式。这些都为吸引和培育知名食品企业提供了良好的发展环境。目前，河南省已形成肉类、面及面制品、速冻食品、调味品、饼干和休闲食品五大特色食品产业集群，日本火腿株式会社、中粮集团、旺旺集团、雨润集团、康师傅、老干妈等一大批国内外知名食品企业纷纷在河南设厂。

（4）积极出台食品工业相关支持政策

2022年，河南省人民政府办公厅印发《河南省绿色食品集群培育行动计划》，主要针对冷链食品、休闲食品、特色功能食品、预制菜四大食品工业门类开展升级行动，明确提出到2025年建成具有世界影响力的万亿级现代食品集群，建设绿色食品业强省。同年，河南省人民政府办公厅还发布了《河南省加快预制菜产业发展行动方案（2022—2025年）》，重点发展以农产品、畜禽产品、水产品等为主要原料，通过工业化、标准化生产，经预加工、预烹调、预包装的成品或半成品预制食品及相关制备和配套产业。此外，河南省农业农村厅牵头编制了《绿色食品业转型升级行动计划》，明确了预制菜升级发展方向，推广“原料基地+中央厨房+物流配送”等产业模式。

1.7.5 福建省发展经验总结

（1）不断出台相关政策措施，推动食品产业高质量发展

福建省出台了《福建省食品工业发展行动计划（2016—2020）》《福建省食品产业保产业链供应链稳定工作方案》《福建省食品加工产业高质量发展行动计划（2021—2025年）》《福建省加快新闽菜创新发展三年行动方案（2023—2025年）》等一系列支持食品产业发展的政策，有力推动了福建省食品产业的高质量发展。

（2）加大扶持力度，培育壮大龙头企业

福建省构建了“两区三带”食品加工业发展格局，重点培育闽东北生态食品集聚区、闽西南休闲食品集聚区、沿海粮油加工产业带、海洋食品产业带、“茶酒两红”产业带。结合产业分布特点和企业优势，打造一批产业龙头企业，统筹加大龙头企业扶持力度。

（3）加快发展预制菜产业

福建省在果蔬深加工、水产制品、速冻食品、肉制品等预制菜关联领域

具有雄厚的基础，已初步形成涵盖水产品、酒店菜肴、滋补产品、米面制品、火锅料制品、团餐、家厨等品类的闽菜系列预制菜产品。2022年，福建省出台了《加快推进预制菜产业高质量发展的措施》，提出积极打造预制菜产业集群，培育壮大预制菜龙头企业，支持仓储冷链建设，搭建预制菜公共服务平台，构建预制菜品牌营销渠道，建立预制菜产业保障制度等。同时，福建省还鼓励企业、社会团体、教育科研单位以及检验检测机构等组织积极参与预制菜分类、物流配送、园区建设、评价等方面标准的制定工作，完善预制菜标准体系，并按照《福建省标准化工作专项补助经费管理办法》等规定对主导标准制定的单位予以补助。

1.8 食品工业大省的发展特征和经验借鉴

1.8.1 食品工业大省发展特征分析

作为食品工业大省，食品工业在其整体经济结构中应占有相当大的比例，在其他方面也应具有显著的特点。具体来说，食品工业大省具有以下发展特征：

（1）丰富的农业资源是食品工业大省的发展基础

食品工业大省通常拥有多样化的优质农业资源，包括各类农作物、畜牧产品和水产品等。稳定且优质的原料供应，保障了食品工业生产的连续性和产品的多样性。

（2）完善的产业链是食品工业大省的重要标志

食品工业大省往往拥有成熟的食品工业体系，能够在省内建立涵盖上游的原料供应、中游的加工生产以及下游的销售分销等各个环节的完整产业链。在省内布局完整的食品加工产业链，可以使该省在食品生产效率、成本控制等方面形成相较于其他省份的竞争优势。

（3）具有全国影响力的品牌是食品工业大省的重要无形资产

具有全国影响力的品牌不但提升了本省食品在省外市场的销售份额，而且吸引了更多资金和人才流入本省食品产业，品牌资产收益率显著高于其他省份。

（4）持续创新能力是食品工业大省的重要发展特征

食品工业大省在食品行业始终坚持技术创新，在新产品的研发、生产工艺的优化、先进设施和设备的引进以及质量控制的提升等方面均处于全国领先水平；同时技术创新充分体现了其对食品市场和消费者需求的深刻理解。

（5）拥有一批大型食品企业是食品工业大省的核心特征

食品工业大省通常拥有多家在国内乃至全球具有影响力的大型食品企业，这些企业的发展带动了全省食品工业的整体进步。

（6）食品专业人才是食品工业大省的重要智力资源

食品工业大省具备发展食品工业所需的各类专业人才，省内高校、科研机构拥有众多食品科学与技术专家、营养学家、工程师以及市场营销专业人才等。

（7）省内外人口红利带来的市场需求是驱动食品工业发展的重要动力

食品工业大省往往拥有较多人口，这为本土食品企业的发展提供了人口红利；同时，食品工业大省能够充分把握大规模的内需市场或广阔的国际市场，并将外部市场作为推动本省食品工业发展的重要基础。

（8）完善的扶持政策是推动食品工业发展的制度保障

食品工业大省往往会出台较多的扶持食品工业发展的政策，包括食品安全与质量监管政策、新技术和新产品研发激励政策，以及促进食品工业发展的中长期规划等。

（9）高效的物流和供应链管理是食品工业大省的重要优势

食品工业大省往往具备高效的物流和供应链基础设施，能够确保食品原料采集、产品生产、货物储存和运输等环节的效率，能够保障食品的新鲜度，降低运营成本，并提高市场响应速度。

（10）良好的营商环境是发展食品工业的重要外部条件

食品工业大省通常具有透明的法规政策、公平的竞争环境以及便捷的商务服务，这有利于吸引投资，促进食品工业健康发展。

1.8.2 食品工业大省的梯队划分

根据上述食品工业大省的发展特征，收集2021年我国部分省份食品工业发展相关特征数据，见表1-8。

表1-8　　2021年我国部分省份食品工业发展相关特征数据

省份	规模以上食品工业企业数（家）	规模以上食品工业企业营业收入（亿元）	食品行业百强企业数量（家）	预制菜百强企业数量（家）	总人口数（万人）	农业产值（亿元）	林业产值（亿元）	牧业产值（亿元）	渔业产值（亿元）
山东省	3 583	10 189.10	4	9	10 170	5 814.6	219.9	2 904.2	1 652.6
四川省	2 442	8 501.20	10	3	8 372	5 089.5	408.4	3 305.3	327.8
广东省	2 093	8 349.33	11	20	12 684	3 951.1	495.4	1 707.8	1 747.3
河南省	2 348	6 660.48	4	4	9 883	6 564.8	134.1	2 942.1	143.4
福建省	2 368	6 660.48	4	9	4 187	1 906.0	424.9	1 059.9	1 621.5
湖北省	2 286	6 229.08	5	1	5 830	3 912.5	302.7	1 990.2	1 458.9
湖南省	2 869	5 779.36	3	8	6 622	3 532.9	455.8	2 542.5	570.8
江苏省	1 900	6 063.82	5	6	8 505	4 426.1	178.2	1 215.9	1 833.5
河北省	1 156	4 040.12	5	3	7 448	3 645.0	263.7	2 239.5	298.0

续表

省份	规模以上食品工业企业数（家）	规模以上食品工业企业营业收入（亿元）	食品行业百强企业数量（家）	预制菜百强企业数量（家）	总人口数（万人）	农业产值（亿元）	林业产值（亿元）	牧业产值（亿元）	渔业产值（亿元）
安徽省	2 180	3 105.90	5	1	6 113	2 802.9	412.9	1 810.9	621.7
浙江省	1 292	3 224.51	3	8	6 540	1 697.9	168.3	402.7	1 188.3
江西省	1 034	2 264.66	1	1	4 517	1 796.3	398.9	1 051.4	548.3
黑龙江省	1 444	2 696.00	2	0	3 125	4 099.5	208.0	1 833.1	135.9
辽宁省	932	2 777.00	2	1	4 229	2 222.5	120.9	1 683.9	719.9
广西壮族自治区	863	2 700.00	0	1	5 037	3 690.7	538.1	1 437.6	555.1
陕西省	1 265	2 505.30	1	0	3 954	3 035.6	100.0	917.8	35.0
内蒙古自治区	374	2 234.80	2	0	2 400	1 879.6	94.1	1 755.3	29.8
贵州省	872	1 872.35	4	0	3 852	3 123.7	319.8	959.0	69.8
重庆市	755	1 823.80	3	3	3 212	1 759.9	168.1	804.2	138.2
云南省	1 027	1 727.96	0	0	4 690	3 441.5	497.3	2 113.3	112.4
吉林省	657	1 460.10	0	0	2 560	1 302.9	72.6	1 454.3	54.4
北京市	255	1 381.10	7	12	2 189	123.0	88.8	46.3	4.4
上海市	427	2 635.70	7	14	2 489	144.9	8.7	45.3	47.7
天津市	300	1 218.12	1	1	1 373	258.4	9.5	142.5	80.9

说明：表中数据根据中国经济社会大数据研究平台及互联网公开数据整理。

采用表1-8中的数据进行系统聚类分析，统计结果输出如图1-3所示。聚类结果表明，24个省、自治区和直辖市可以分为三个梯队。第一梯队包括4个省，第二梯队包括7个省，第三梯队包括13个省、自治区、直辖市。

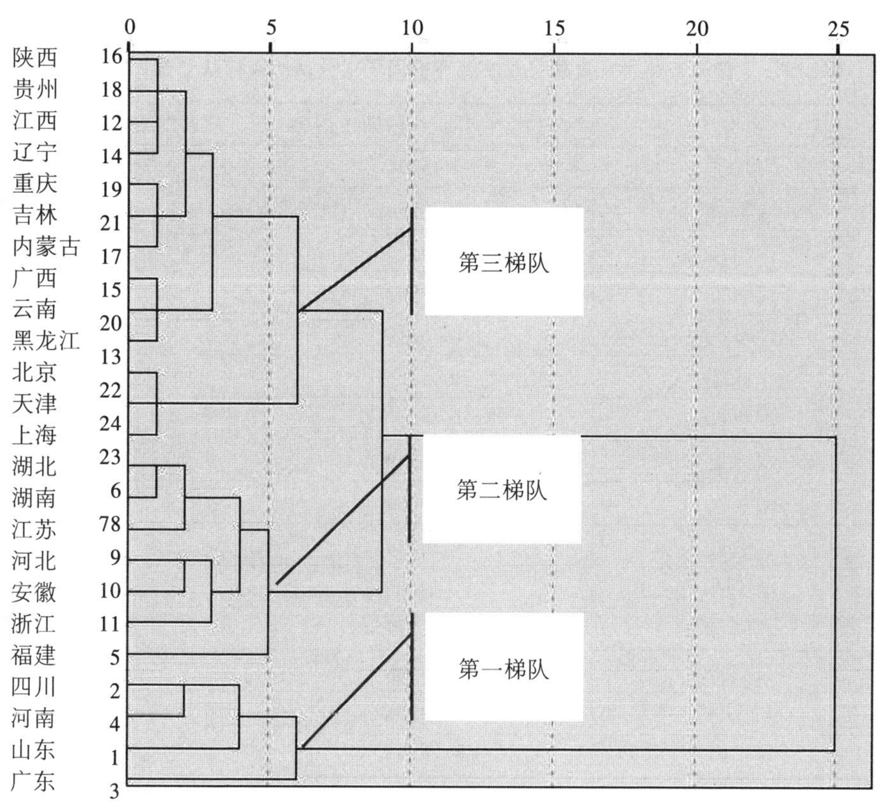

图1-3　聚类分析结果

将表1-8中的所有数据综合成为一个因子，用来评价这些省份的食品工业发展水平。根据因子得分从大到小进行排序，见表1-9。

第一梯队：

山东省、广东省、四川省、河南省。

第二梯队：

湖南省、江苏省、湖北省、福建省、河北省、安徽省、浙江省。

第三梯队：

广西壮族自治区、云南省、黑龙江省、辽宁省、江西省、贵州省、陕西省、重庆市、内蒙古自治区、吉林省、上海市、北京市、天津市。

表1-9　**食品工业大省食品工业发展评价因子得分及所属梯队划分**

省份	食品工业发展评价因子得分	所属发展梯队
山东省	1.95951	1
广东省	1.78793	1
四川省	1.50556	1
河南省	1.17502	1
湖南省	0.86219	2
江苏省	0.84086	2
湖北省	0.7861	2
福建省	0.41549	2
河北省	0.29024	2
安徽省	0.26028	2
浙江省	−0.29486	2
广西壮族自治区	−0.05512	3
云南省	−0.15468	3
黑龙江省	−0.23198	3
辽宁省	−0.46835	3
江西省	−0.50944	3
贵州省	−0.51203	3
陕西省	−0.66217	3
重庆市	−0.85832	3
内蒙古自治区	−0.88808	3
吉林省	−1.10131	3
上海市	−1.19966	3
北京市	−1.30701	3
天津市	−1.64019	3

说明：评价因子得分和所属发展梯队由因子分析和系统聚类分析计算产生。

1.8.3 食品工业大省的经验借鉴

（1）强化政府引导与政策支持

政府引导与政策支持是食品工业大省推动食品工业发展的重要保障。食品工业大省在落实工业和信息化部等十一部门联合发布的《关于培育传统优势食品产区和地方特色食品产业的指导意见》的基础上，依托省内优质特色农业资源及特色饮食文化等，打造“百亿龙头、千亿集群、万亿产业”的地方特色食品产业发展格局，发布特色优势食品产业集聚区培育实施方案，以及推动食品产业链、供应链和创新链深度融合发展的相关政策。

（2）加强主导产业建设，实施“园区带动”，促进食品经济全产业链发展

食品工业大省能够依托本省特色农业资源，培育体现地方优势的特色食品加工主导产业，以关联项目构建全产业链，以加工园区打造产业集群，沿产业链方向整合集聚龙头企业，科学规划、合理布局并积极推进食品加工园区建设。

（3）深入实施食品品牌发展战略

食品工业大省将知名品牌作为区域食品产业发展的重要战略资源和影响力提升的核心要素。例如，山东省的青岛啤酒、张裕、鲁花和龙大美食等品牌，河南省的思念、三全、千味等品牌，都是本省食品工业的重要无形资产。食品工业大省高度注重品牌建设，推动全域品牌、区域品牌、企业品牌、产品品牌协同并进、融合发展；充分发挥各级传统媒体、新兴媒体的作用，加强与京东、阿里巴巴等电商平台合作，积极参与食品博览会，多元化宣传本省的食品品牌。

（4）延伸食品产业链，培育特色预制菜产业

食品工业大省将区域特色资源与食品产业相结合，发展食品精深加工产业，积极培育特色预制菜产业，如山东鲁菜特色预制菜、河南豫菜特色预制

菜等。政府积极制定预制菜产业相关政策及发展规划，涵盖财政扶持、税收优惠、营商环境优化等方面。例如，山东、广东、河南等省份相继出台预制菜产业发展规划，通过建设产业园区、成立产业联盟、培育龙头企业等方式，推动预制菜产业快速发展。此外，食品工业大省都注重推进预制菜产业标准化建设，如广东省在全国率先立项制定了五项预制菜地方标准，鼓励粤港澳三地社会团体、企业事业组织等共同参与预制菜“湾区标准”研制工作。

1.8.4 辽宁食品工业大省建设的发展目标

按照食品工业大省的梯队划分，辽宁省处于第三梯队的中间位置，结合第二梯队食品工业大省的发展速度和规模，建议将近三年辽宁省进入第二梯队作为行动目标。

（1）食品工业发展增速目标

将食品工业作为新时代东北全面振兴的突破口之一，实施提质增速战略行动，推动辽宁省进入食品工业大省第二梯队。辽宁省拥有丰富的农产品资源，为食品工业提供了坚实的原料保障；同时，辽宁省在食品工业领域具备较强的科研创新能力与成果转化能力，已经形成了较为完备的食品产业体系，并培育了一批在行业内具有良好示范效应的大型企业。因此，辽宁省将食品工业作为新时代东北全面振兴的突破口之一，既具备现实基础，又契合党中央关于推动新时代东北全面振兴的战略部署。

为了提升食品工业的战略地位，当好国家粮食稳产保供“压舱石”，辽宁省应对标食品工业领先省份，科学制定建设食品工业大省的战略规划与实施步骤。从目前来看，第二梯队的湖南省、江苏省、湖北省、福建省、河北省、安徽省、浙江省的规模以上食品工业企业营业收入都高于辽宁省。在现有基础上，辽宁省如果不采取提质增速的强有力措施，将难以跻身第二梯队。

经过测算，未来三年辽宁省规模以上食品工业企业营业收入的年均增速只有保持在10%左右，辽宁省才有可能跻身第二梯队；如果年均增速可以保持在12%左右，辽宁省就可以位于食品工业大省第二梯队的中游位置。

如果辽宁省规模以上食品工业企业营业收入的年均增速提高到12%，预计在2025年辽宁全面振兴新突破三年行动收官之时，规模以上食品工业企业营业收入将达到4 500亿元。如果保持该增速不变，预计到2035年辽宁省规模以上食品工业企业营业收入将突破万亿元，辽宁省将跻身食品工业大省第一梯队。

（2）食品工业发展方向目标

将食品工业作为新时代东北全面振兴的突破口之一，促进食品工业与相关产业融合发展，推动产业结构转型升级。沈阳、大连具有先进装备制造、石化、电子信息、生物医药等支柱产业，应在此基础上发展食品工业上下游产业；省内其他地级市应将特色农业、食品工业和文旅康养等相关产业作为未来产业结构转型升级的主要方向。

建议省级层面出台促进食品工业与文旅等产业融合发展的扶持政策。对食品工业与文旅等产业融合发展的重点项目，建议给予税收优惠政策，优先安排用地指标，简化用地审批手续，降低用地成本；支持开发性金融机构为上述项目提供长期低息贷款、直接投资、证券承销等多元化金融服务。

出台一系列扶持政策，鼓励食品工业企业挖掘地方文化资源，开发兼具地域特色、民族特色与历史特色的产品，进而提升产品附加值与市场竞争力。支持食品工业企业与景区、乡村旅游点、特色小镇等建立合作机制，开展联合创新、联合推广等活动，丰富文旅产品供给。引导食品工业企业与文化创意产业开展合作，开发以食品为主题的动漫、游戏、影视、文学等文化产品，丰富食品的文化内涵，拓展其市场空间，实现食品产业与文化产业的互动共赢。

2
顺势而为构建食品工业全链条产业

2.1 因地制宜推动农产品产地初加工

2.1.1 发展农产品产地初加工的重要意义

食品工业是国民经济的重要组成部分，不仅起到保障人民群众生活质量的作用，还是推动现代农业和农村经济发展的关键引擎。辽宁省拥有优越的自然条件、丰富的农产品资源和广阔的市场空间，为食品工业的发展提供了坚实的基础和巨大的潜力。在建设食品工业大省的过程中，壮大农产品产地初加工产业就显得尤为重要。因为产地初加工作为农产品产业链的基础环节，具有见效快、投入小、覆盖面广的特点，不仅能够快速实现农业增效和农民增收，还能为辽宁的现代农业、食品工业和乡村振兴注入强大动力。

农产品初加工是指以不改变内在成分的加工方式对收获后的各类农产品进行的一次性处理过程，其具体形式包括去籽、净化、分类、晒干、剥皮、沤软、大批包装等初级处理活动。初加工后的农产品能够延长保鲜期并且确保流通过程中的品质，显著提升其产品附加值，为后续的农产品精深加工环节提供原材料。

辽宁省发展农产品产地初加工具有重要的现实意义。辽宁省拥有丰富的农业资源，例如肥沃的黑土地、多样化的粮食作物以及优质的水果、蔬菜和水产品等，开展优质农产品的初加工，可以充分挖掘当地特色农业资源的价值，为食品工业提供高质量的原料输入。此外，产地初加工能够有效减少农产品收获后的损耗，进一步提升农产品的市场价值，从而为当地农民带来更多的直接经济效益。具体来说，发展农产品产地初加工的重要意义如下：

（1）有助于提升农业附加值，实现农民增收与产业增效

农产品产地初加工以其见效快、投入小、覆盖面广的特点，成为推动农

业增效和农民增收的重要途径之一。初加工仅仅使用简单的技术和设备，就能够显著提高农产品的市场价值。例如，水果进行清洗、分级和包装后，不仅改善了外观和品质，还直接提高了售价；粮食进行清选和分级处理后，可以满足不同的市场需求，进一步增加销售收益。此外，初加工还能延长农产品的销售周期，避免季节性过剩引发的价格波动和滞销问题，从而有助于稳定农民的收入。

相较于精深加工，初加工对资金、技术和设备的要求较低，特别适合农业资源丰富但是资金有限的地区推行。如果在辽宁省将初加工设施布局在农产品主产区，就可以不必投入资金进行大规模基础设施建设，进而能够快速实现规模化生产，降低农业生产成本。同时，初加工的适用范围广泛，无论是粮食、果蔬，还是畜禽产品和水产品，都可以通过初加工实现保鲜和增值。可见，农产品产地初加工能够惠及省内各地的农业生产者，为区域农业经济发展注入新的活力。

（2）有助于完善农业产业链，夯实食品工业发展基础

农产品产地初加工是现代农业向产业化、集约化发展的关键环节，也是做强食品产业链、优化供应链和提升价值链的重要基础。作为农产品产业链中的重要环节，初加工承担着承上启下的作用，为后续的精深加工提供了标准化、优质的原料。例如，经过初加工的稻米可以直接进入粮食精深加工产业链，而分级包装后的水果则可供应果汁、果干等深加工企业作为原料。通过初加工，辽宁省能够将丰富的农产品资源优势转化为食品工业优势，构建更加完善的农业产业链条。初加工还能够延长农产品的保鲜期，降低流通环节的损耗，为优化农产品供应链提供有力保障。

（3）赋能乡村产业振兴，推动文旅与农业融合发展

农产品产地初加工不仅是食品工业发展的重要环节，也是推动乡村产业振兴的关键抓手之一。通过建设农产品初加工设施，可以直接为农村地区创造更多的就业机会，吸引更多劳动力参与到农业生产和初加工活动当中，进

而推动农村经济的可持续发展。同时，初加工还能够助推农产品的品牌化建设，有利于加快培育乡村特色产业。例如，辽宁省依托地方特色农产品资源，打造了一批具有市场影响力的区域品牌，如盘锦大米、辽西杂粮、大连海参等，通过品牌化提升初加工产品的市场竞争力，进一步推动了乡村经济发展。

此外，农产品初加工还能与乡村旅游相结合，为文旅产业的发展注入新动力。例如，在水果主产区建设集采摘、初加工和观光体验于一体的农业旅游基地，不仅能够拓宽农产品的销售渠道，还能提升农村地区的旅游经济活力。

(4) 契合辽宁现实需求，助力食品工业大省建设

在当前辽宁省以小投入求大产出的发展阶段，农产品产地初加工是最适合的切入点之一。初加工不仅能够快速见效、带动农民增收，还能为未来的精深加工产业园区建设奠定坚实基础。通过发展初加工，辽宁省可以将丰富的农产品资源优势转化为食品工业的竞争优势，推动全省从农业大省向食品工业大省的跨越，为食品工业大省建设注入新动力。

农产品初加工能够为辽宁省食品工业提供高质量的原料保障，由推动农产品大规模初加工发展，进而向精深加工和全产业链延伸的发展，有利于促进食品加工业的转型升级。例如，经过初加工处理的盘锦大米、辽西杂粮等特色农产品，可以供应给食品精深加工企业开发出更多高附加值的产品。同时，初加工的普及也为辽宁省建设现代化食品产业园区提供了基础条件，有助于吸引更多的企业进入食品加工领域，形成产业集群效应。

2.1.2 农产品初加工共性技术及产品形态

(1) 农产品初加工共性技术

农产品初加工需要合理的初加工工艺，不同类别的农产品在进行初加工时存在一些共性技术，具体表现如下：

• 分选与筛选技术

分选与筛选技术是农产品采摘或收获后进行加工的技术，主要是对食品加工原料进行初步分类和品质分级，剔除杂质和不合格品，为后续精深加工提供质量稳定的原料。该过程主要借助机械设备自动完成，根据尺寸、重量、颜色和形状等物理特性对农产品进行差异化处理。

• 清洗和消毒技术

清洗和消毒技术主要用于去除初级农产品表面附着的土壤、农药残留及微生物等，是农产品初加工过程中必备的环节，能够确保原料满足后续食品加工的卫生标准。常见的清洗方式包括水洗、高压水射流清洗、气泡清洗以及超声波清洗等，清洗的同时也会使用消毒剂进行杀菌处理。选择适宜的清洗和消毒方法非常重要，既要达到清洁目的，又要避免对农产品造成损伤。

• 切割与研磨技术

切割与研磨技术是将农产品加工成特定的形状和大小，以满足后续加工或直接食用需求的技术，它为农产品的精深加工提供了更多可能性。切割操作包括切片、切丝、切块和切丁等多种形式，而研磨则是将农产品粉碎成粉末或浆状物。该技术需要根据农产品的特性，选择合适的设备和工艺参数，以确保切割与研磨的质量。

• 脱水和干燥技术

脱水和干燥技术能够降低农产品中的水分含量，抑制微生物生长和酶活性，从而延长其保质期。常见的干燥方法包括自然晾晒、热风干燥、冷冻干燥、真空干燥和微波干燥等，其关键在于温度、湿度和时间的控制，最大限度地保留农产品的营养成分和风味。这一技术不仅解决了农产品的储存难题，也为消费者提供了农产品的多样化选择机会。

• 冷冻和冷藏技术

冷冻和冷藏技术通过低温环境抑制微生物和酶的活性，进而达到保鲜的目的。冷冻技术采用快速降温使农产品形成冰晶，适合长时间保存；而冷藏技术则在略高于冰点的温度下进行短期保鲜。这两种技术都需要依赖专业的设备，严格控制温度和湿度以确保产品质量，为农产品的跨区域流通和季节性供应提供了有力保障。

• 包装技术

包装技术是农产品初加工的最后一道工序，旨在采用适当的包装材料和方法，保护农产品免受外界的污染和物理损伤，同时延长其货架期。良好的包装设计不仅能提升农产品的附加值，还能增强消费者的购买欲望。常见的包装形式包括保鲜膜包装、真空包装、气调包装、罐藏和瓶装等。需综合考量农产品的特性、储存条件及市场需求来选择合适的包装方式。

（2）农产品初加工产品形态

• 基于分选与筛选技术的产品形态

分选与筛选技术的应用催生了多种农产品形态，其中比较典型的就是分级农产品。例如按照农产品的大小、重量、颜色和成熟度等特征进行分级，诸如市场上出现的特级苹果、一级大米等不同等级的产品。这种分级方式不仅体现了农产品的品质差异，还为市场差别定价和销售提供了便利条件。此外，净菜和净果也是这一技术的重要产物之一。通过去除杂质、病虫害部分及不可食用部分，净菜和净果为消费者提供了可直接食用的清洁产品，极大简化了消费者的处理环节，提升了便捷消费的体验。

• 基于清洗和消毒技术的产品形态

应用清洗和消毒技术，能够去除农产品表面的污物和微生物，显著提升食用安全性。尽管从外观上看，清洗后的农产品可能并无明显变化，但其卫生状况却能得到有效改善。例如，清洗后的蔬菜、水果和海产品，不仅食用起来更安全，也在一定程度上延长了保存期。

• 基于切割与研磨技术的产品形态

切割与研磨技术使得农产品呈现出多样化的产品形态，不仅便于烹饪和食用，而且丰富了产品的种类，例如蔬菜切片、水果切块和肉类切丁等。研磨技术则将农产品转化为粉末、颗粒或浆状物，例如面粉、玉米粉、豆浆和果泥等，既拓宽了农产品的应用范围，也为后续食品深加工提供了更多可能性。

•基于脱水和干燥技术的产品形态

脱水和干燥技术催生了干制和粉状产品。干制产品如干果、干菜、干肉和海产品干货等，通过去除水分不仅延长了产品保质期，也浓缩了风味，便于储存和运输。粉状产品则是将干燥后的农产品研磨成粉末，例如奶粉、果蔬粉和药材粉等，便于食用时的混合和溶解，也为工业化生产提供了便利。

•基于冷冻和冷藏技术的产品形态

冷冻和冷藏技术在农产品市场中得到广泛应用。诸如冷冻蔬菜、水果、肉类和海产品等冷冻产品，通过快速冷冻最大限度地保留了食物的营养成分和风味，还能延长保质期并利于长途运输和储存。在低温环境下短期保鲜的冷藏产品，如冷藏蔬菜、水果和鲜奶等，不仅有效延缓了农产品的变质速度，也满足了消费者对新鲜食材的需求。

•基于包装技术的产品形态

包装技术为初加工农产品提供了多种保护形式。真空包装产品通过去除包装袋中的空气，能够防止食物氧化和微生物滋生，例如真空包装的肉类和豆制品等。气调包装食品通过调节气体成分抑制微生物生长。保鲜膜包装产品可以延缓食物水分的流失和自身氧化，常见于超市中售卖的水果和蔬菜。此外，罐藏和瓶装产品通过密封和杀菌处理，实现了水果、蔬菜、果酱和果汁等的长期保存。

2.1.3 辽宁各地差异化发展农产品初加工的思路和主要任务

农产品加工通过分选与筛选、清洗与消毒、切割与研磨、脱水与干燥、冷冻与冷藏以及包装技术，形成了多样化的产品形态。这些技术不仅提升了农产品的附加值和市场适应性，还延长了保质期并确保了品质安全。例如，盘锦大米通过分级提升溢价能力，大连海参经清洗杀菌制成洁净产品，朝阳小米研磨成粉拓展用途，锦州干制海产品通过干燥便于储存，营口冷冻海鲜利用速冻锁鲜满足远距离销售需求，而盘锦河蟹和阜新杂粮则通过真空包装及气调包装实现跨区域流通，充分展现了技术在农产品加工中的重要作用。

（1）农产品初加工思路

辽宁发展农产品初加工的总体思路是：充分发挥辽宁的农业资源优势、科技优势和文化优势，面向省内外的特色农产品消费需求，以因地制宜、科技赋能、质量为本、文化增值为发展核心，通过系统化的政策支持和技术推广，构建多层次、多维度的农产品初加工体系，实现农产品初加工的规模化、标准化和品牌化发展，为辽宁省食品工业的高质量发展提供坚实支撑。

（2）农产品初加工的主要任务

• 因地制宜发展各产区的农产品初加工技术和初加工产品

辽河平原是辽宁省稻米与大豆的核心产区，可以发展以“精细化”和“洁净化”为核心的初加工产品。例如盘锦通过分选与筛选技术对大米进行精细分级，同时采用真空包装和气调保鲜技术延长保质期。沈阳市可利用智能化设备对稻米和大豆进行精准分级，开发免淘洗大米、无菌豆制品等洁净产品。

辽西北地区具有丰富的花生与杂粮资源，初加工可以发展“便捷化”和“健康化”的产品。例如阜新市可推广杂粮清洗分级设备，采用真空包装和小包装技术提升便携性，开发小米粉、杂粮面条等方便食品。朝阳市可以按粒大小、品质对花生和杂粮进行分级，开发分级花生、杂粮干货、花生粉、杂粮粉、花生碎等多样化产品，结合冷冻干燥技术开发休闲食品。

渤海湾地区的苹果、樱桃等特色水果的初加工可以将“新鲜”和“便捷”作为卖点，满足不同消费场景的需求。例如大连市可采用先进的分选与筛选技术，按照水果的大小、色泽、甜度进行精准分级，打造不同等级的精品水果系列。葫芦岛市可以将水果制成果干、果酱等既保留风味又便于储存的多样化产品。

辽宁沿海地区具有得天独厚的水产品资源，在初加工时要突出鲜活品质和远距离运输能力。例如大连市可依托海参、鲍鱼等高档海产品资源，采用速冻技术、真空包装技术，开发即食海参、海参粉等方便食品，保持产品鲜活品质以满足国内外高端市场需求。营口市可以发展速冻扇贝、对虾等冷冻海鲜产品，通过冷链物流设施将产品运输到内陆市场销售。

辽北及辽西南地区的山珍与鹿产品初加工可以突出其独特的营养价值和稀缺性。例如本溪市可按照山参的品质分级开发人参饮品、保健品及化妆品，利用干燥与研磨技术制作山参粉、参片等高附加值产品。铁岭市可以将鹿茸切片或研磨成粉，直接用于泡水、制作胶囊及入药，通过烘干等基础工艺将鹿角帽、鹿筋、鹿骨等副产品转化为中药材或食品原料。

辽北地区的畜禽初加工重点要满足家庭烹饪的需求。例如沈阳市可针对白羽肉鸡、生猪等畜禽产品，通过切割与研磨技术，按照重量、肉质分级开发分割肉块、调理半成品等便捷食品。锦州市可利用冷冻冷藏技术延长肉类保鲜期，开发适合远距离运输的冷冻肉块、冷藏鲜肉等产品。

辽中南地区可以将花卉等特色农产品经过初加工形成独具“风味”和“感官”特色的产品。例如鞍山市可以开发干花、花草茶包等产品，采用干燥与研磨技术制作花瓣干、花卉粉。朝阳市可以发展山野菜、食用菌等林下经济产品的初加工潜力，开发干制山野菜、干木耳等便于储存的产品。

• 科技支撑与装备升级双轮驱动提升农产品初加工规模

建议依托沈阳农业大学、大连工业大学等高校，联合省内农业龙头企业，通过设立农产品初加工科研专项基金，在辽河平原稻米大豆、辽西北花生杂粮、渤海湾水果、沿海水产品等优势产区，建设区域性初加工技术研发中心。研发中心可以聚焦分选筛选、清洗消毒、切割研磨、干燥冷冻、包装保鲜等初级农产品关键共性技术开展研究。例如，针对渤海湾水果初加工需求开发基于人工智能图像识别的分级分选技术等。

建议设立农产品初加工装备升级专项资金，用于支持初加工企业购置先进设备，重点补贴大型粮食烘干机、智能分选机、自动化清洗线、真空冷冻干燥等设备的采购。鼓励本地装备制造企业与省内高校合作，研发适应辽宁特色农产品初加工的专用设备。例如，针对南果梨去皮、辽参分拣等需求，校企联合研制柔性化初加工设备。在农产品主产区建设初加工装备示范基地，例如在盘锦建设水稻脱壳、筛选设备示范基地，集中展示和推广先进设备的应用场景。定期组织农民和企业参观学习，提供设备操作培训和技术指导，推动先进装备在全省范围内普及应用。在朝阳杂粮、辽西花生等主产区试点建设区域性初加工设备租赁平台，为小规模种植户和合作社提供设备租赁服务；同时扩大初加工设备购置补贴范围，将预冷设备、真空包装机等纳入农机补贴目录，并对家庭农场新建冷藏库给予建设补贴，解决小型生产主体加工能力不足的问题。

• 加强农产品初加工共性技术的推广和应用

建设线上线下一体化初加工技术推广平台，开发整合技术信息、设备操作指南、市场动态等功能的线上平台，提供共性技术标准、操作规程、设备使用手册、案例视频等资源，方便农户和企业随时获取技术支持。同时，在主要农业产区设立线下技术推广服务站，配备专业技术人员，提供面对面的技术咨询和指导服务，确保初加工技术推广覆盖每位农户。组建由专家、技术人员组成的流动课堂，深入田间地头为农户开展现场培训和技术指导；针对不同类别农产品制定详细的共性技术标准和操作规程，为分选、清洗、切割、干燥、冷冻、包装等技术推广提供规范依据。建立“专家在线”服务机制，为农户和企业提供远程诊断和视频指导。联合金融机构设立“初加工技术提升专项贷款”，用于支持农户和企业开展技术应用和装备升级，激发企业和农户主动采用新技术的积极性。

鼓励龙头企业为中小初加工企业和农户提供技术帮扶和示范，引导农户和初加工企业联合组建“技术互助合作社”，在重点产区建设共享初加工设备中心，为周边农户和小型企业提供设备共享、技术服务、产品加工等一体化服务。对达到技术标准的农产品初加工产品进行专项质量认证，推动认证结果在政府采购、电商平台、大型商超等渠道的采信工作，为认证的初级加工产品开辟电商绿色通道。

• 建立健全农产品初加工的质量控制体系

建议针对辽宁特色农产品制定高于国家标准的地方标准，涵盖原料质量、加工工艺、卫生要求、包装标识和储运条件等内容。面向企业、合作社和农户培训农产品初加工的地方标准，委托第三方机构对标准实施情况进行监督检查，同时根据产业发展和市场需求及时修订标准。

推行绿色、有机、无公害种养殖技术，鼓励省内农户使用有机肥和生物农药，减少化肥、农药使用量，从源头保障农产品质量安全。建立完善的农产品质量安全追溯体系，实现从田间到餐桌的全程可追溯。引导初加工企业实施HACCP管理体系，对加工过程中的关键环节进行严格控制。推广快速检测技术，确保能够实时监控加工过程中的关键环节。建议将质量控制水平纳入新型农业经营主体评级指标，设立“辽宁优质初加工产品”认证标识，通过实施动态淘汰管理制度，激励初加工企业持续提升质量。

• 推动农产品初加工包装设计创新和文化赋能

建议制定支持农产品加工与包装的政策，鼓励每个地区根据当地农产品特色和市场需求来设计包装和营销策略，同时引入现代包装技术和营销手段，如AR体验、情感化设计等，以提升产品的市场竞争力和消费者认可度。通过突出地域特色化的发展策略，可以有效地将辽宁省的初级农产品转化为增值显著的包装食品，实现地方经济的提升和农民收入的增加。

推动食品包装的创新设计，利用包装讲述产品的来历、制作过程或与当地文化的关联，讲述辽宁文化故事，突出辽宁的地理和文化元素。例如，在初级农产品包装上使用插画或文字描述辽宁的历史人物、传统节日或地理标志等。

为了实现以上发展效果，建议引导省内高校开展学科交叉和协同创新，为辽宁省各地初级农产品设计多种创新包装策略。充分发挥省内相关高校，例如大连工业大学艺术设计、包装、食品等学科优势，为初级农产品包装设计提供综合解决方案。通过推动省内校企合作，结合艺术设计与食品学科形成的创新理念和技术，为辽宁省农产品包装赋予更深层次的文化价值和市场吸引力。特别是积极利用增强现实技术讲述食品背后的辽宁故事，引入可互动的包装设计增强用户体验，运用温度变色技术以展示文化诗句，附加具有辽宁文化介绍的小册子提升教育价值，以及使用多感官材料增强消费者的体验等设计手段。

2.1.4 农产品初加工副产物综合利用思路和主要任务

（1）辽宁省农产品副产物综合利用的现状

作为农业大省，辽宁目前在农产品副产物综合利用方面取得了显著成效，但也面临着一些亟待解决的问题。总体来看，全省在秸秆综合利用方面表现突出，尤其在饲料化、燃料化和肥料化方向上实现了规模化推广，综合利用率达到90%以上，形成了以农用为主、“五化”并举的多元化利用格局。不过，辽宁的秸秆利用在科学还田、离田技术以及市场主体参与度等方面仍存在不足。

在稻米及其他农产品加工副产物的高值化利用方面，辽宁省通过财政资金支持和技术研发，将稻壳、米糠等副产物开发为活性炭、米糠油等高附加值产品，同时采用功能性膳食纤维提取、生物转化技术等手段，提升了副产物的资源利用经济价值。然而，辽宁省在稻壳、果渣等副产物的精深加工，以及高附加值产品研发应用能力等方面还存在短板。

辽宁省政府通过专项资金、税收优惠、政策文件等多种方式鼓励企业参与副产物综合利用，明确了稻壳、果蔬皮渣、畜禽副产物等领域的重点发展方向。但是目前副产物市场机制尚未完全成熟，部分项目因市场需求不足或成本过高而难以持续运营，此外副产物跨区域调配、集中处理的配套设施和服务体系有待进一步完善。

从经济影响来看，农产品副产物的综合利用有助于降低辽宁省农业生产成本，开发出的新产品为企业开辟了利润增长点，同时也推动了农业产业结构的优化升级。然而，要实现更高水平的综合利用，仍需加强技术研发、完善产业链条，并注重市场需求导向，形成可持续发展的良性循环。

（2）辽宁省农产品副产物综合利用的思路

辽宁省发展农产品副产物综合利用的思路是以“减量化、资源化、高值化”为核心，构建覆盖全链条的农业循环经济体系。通过精准挖掘区域特色农业资源的潜力，推动农产品副产物从传统低效利用向高附加值领域转型，打造种养结合、产业联动的绿色循环模式；同时依托大数据技术，强化科技研发与示范应用，搭建科技资源共享平台，促进技术成果与市场需求的精准对接；通过科学规划与系统集成，在重点区域建设农业循环经济示范区，实现资源流、能量流、信息流的闭环管理，综合提升全省农业绿色发展水平和经济效益。

（3）辽宁省农产品副产物综合利用的主要任务

• 积极拓展农产品加工副产物的多元化利用

围绕辽河平原稻米大豆、辽西北花生杂粮、渤海湾水果、海洋水产品等七大农产品加工集聚区，积极构建“减量化、资源化、高值化”的综合利用体系。针对辽河平原稻米与大豆加工集聚区，重点推进稻壳生物质发电、生物炭土壤改良剂及豆粕高蛋白饲料开发的推广应用，打造“稻壳–能源–炭基肥”循环经济链条。建议辽东山地食用菌与中药材集聚区开展菌渣有机肥生产、人参药渣活性成分提取和鹿副产品精深加工，形成“药渣–提取物–健康产品”高值化利用模式。针对辽西丘陵的杂粮与畜禽集聚区，建议加强杂粮麸皮膳食纤维提取、畜禽骨血蛋白回收及粪污沼气能源化利用，建立种养结合的绿色循环体系。在粮油加工领域，重点推动玉米芯纤维素转化乙醇、稻壳活性炭制备及葵花籽壳生物质燃料等关键技术的研发和应用。在果蔬加工方面，加快开发果渣多酚提取、马铃薯薯渣蛋白肽制备等精深加工技术。针对畜禽副产物，重点推广羽毛角蛋白医用材料、动物血液生物活性物质提取等前沿技术，推动副产物资源化利用向医药、化妆品等高附加值领域延伸。此外，还要加强农工复合型产品开发，例如利用林区木屑制备木塑环保型建材、利用花卉残枝提取天然色素用于纺织印染、贝壳加工后用作碳酸钙填充剂等。

• 构建农产品副产物资源数据库，夯实农产品循环利用基础

建议构建全省的农产品副产物资源数据库，作为农业循环经济发展的核心基础工程。建立跨部门协同机制，统筹农业、统计、环保、科技等各部门力量，制订覆盖全省的标准化调查方案，通过加工企业数据直报、主产区损耗监测、第三方机构农户抽样调查等多种途径，精准采集全省农产品的副产物种类、数量、时空分布及利用潜力等基础数据。可以运用大数据、云计算等技术构建智能数据库平台，实现分类别、分区域、分时段的数据动态集成与可视化分析。同时利用数据分析成果，依托高校科研机构实验室资源开展副产物高值化利用技术攻关，进而搭建循环利用技术研发资源共享平台，推动技术成果与企业需求精准对接。利用数据库可以绘制全省农产品副产物资源利用地图，系统标注区域资源禀赋、产业聚集度及市场辐射范围，引导企业围绕产业链布局资源循环项目。

• 加强农产品副产物技术研发与示范应用

建议依托省内农业科研院所及高校组建省级技术研究中心，聚焦玉米芯燃料乙醇制备、果蔬渣功能性食品原料提取、畜禽粪污沼气化利用等关键技术开展定向攻关。引导各市县设立特色农产品副产物循环经济产业研发分中心，与当地的农业龙头企业共建产学研平台，形成省级统筹、区域协同、企业联动的循环经济创新网络。同步制定省级农业循环经济技术研发专项规划，明确重点领域技术路线，配套设立财政专项资金以及创新金融扶持政

策，吸引社会资本设立循环经济科创基金来加速成果转化。在农产品加工集聚区建立循环经济示范基地，建设生物炼制、梯级利用等示范线。构建线上线下的农业循环经济服务平台，定期开展技术培训与现场观摩，推动高值化利用技术向中小企业和农户渗透。

• 构建农产品副产物循环经济体系

建议以构建农产品副产物循环经济示范区为抓手，通过科学规划与系统集成提升全省农业全链条的绿色发展水平。根据区域农产品加工产业布局，选择基础条件优良、特色鲜明的区域，重点围绕种植、养殖、加工等环节设计副产物循环利用，编制循环经济示范区总体方案，明确功能分区与生态保护要求，建设多功能循环经济产业园区，集成智能化分拣中心、生物炼制工厂、有机肥生产单元等设施，配套建设副产物交易市场和数字化服务平台，实现园区内资源流、能量流、信息流闭环管理。以示范区内的龙头企业为核心，延伸“种植—加工—副产物回收—高值转化”产业链条，引导种植、加工、副产物利用等企业向示范区集聚，推动跨企业共建梯级利用项目。

2.2 提升食品精深加工产业链发展水平

2.2.1 辽宁开展食品精深加工的意义及现状

（1）发展意义

在深入推进供给侧结构性改革的背景下，食品精深加工业已经成为推动食品产业高质量发展的重要抓手，不仅是食品工业转型升级的关键方向，也是实现辽宁食品产业结构优化、培育新的经济增长点的重要路径。辽宁发展食品精深加工的意义主要体现在以下几个方面：

一是助力辽宁农业现代化与乡村振兴战略的落地实施。食品精深加工可以延伸农产品产业链，例如玉米初加工发展到淀粉糖、大豆提取蛋白等深加工，实现了从“卖原料”到“卖产品”的转变，大幅度提升农产品的附加值。这一过程不仅促进了农民增收，还推动了一二三产业的融合发展，为乡村振兴战略的实施提供了有力支撑。同时，食品精深加工有利于充分利用辽宁丰富的特色农业资源，打造地域特色鲜明的食品产业名片，推动传统乡村食品向多元化、专业化、品牌化、智能化方向发展，有助于进一步增强省内县域经济的竞争力。

二是有利于优化省内产业结构并形成新的经济增长点。作为老工业基地，辽宁长期以来依赖传统重工业，轻工业所占比重较低。食品精深加工作为民生保障产业和永续产业，依托辽宁丰富的农业资源，具有巨大的发展潜力和市场空间。通过大力发展食品精深加工业，推动行业采用智能化生产线和数字化管理模式，实现省内食品工业的现代化升级改造，可以有效拓展产业发展领域，带动装备制造、新材料、信息技术等相关行业协同发展，推动产业结构多元化协同发展，为全省经济高质量发展注入新动能。

三是有助于推动辽宁传统食品产业的高附加值转型。发展食品精深加工，需要在食品装备制造、产品研发等方面加大技术创新力度，有利于充分利用辽宁雄厚的工业基础和技术人才储备，将先进装备制造业优势与现代食品加工技术相结合，显著提升辽宁食品工业的技术水平，实现由传统低附加值产业向现代化高附加值产业的转型。这种转型不仅符合辽宁经济高质量发展的目标，也为东北其他省份的老工业基地振兴提供了示范经验。

四是有利于推动食品产业符合“数字辽宁、智造强省”的发展战略。食品精深加工通过引入先进的加工技术、智能化设备和数字化管理模式（例如，利用大数据、人工智能等技术优化生产流程，开发个性化、功能化的食品，设计研发相应的专门加工设备），满足消费者对辽宁食品日益增长的多样化需求，使得省内的食品产业在数字辽宁、智造强省的发展战略路径下获得显著的发展业绩，为提升区域经济竞争力做出贡献，为辽宁在全国经济版图中占据更有利的位置奠定基础。

（2）发展现状

2024年辽宁食品产业产值达1 100亿元，成为制造业第三大支柱，建成沈北辉山（东北最大深加工基地）、康平等5个省级农产品加工集聚区，营收达1 710亿元。其中，沈阳市提出到2025年食品工业产值突破1 200亿元的目标，重点推进东北食品科技产业园（规划面积3.24平方千米，总投资105亿元）等重大项目。苏家屯区已聚集雪花啤酒、桃李面包等200余家食品企业，年产值达185亿元。粮油、畜禽、水产三大千亿级产业集群加速推进，其中粮油加工企业达406户，全产业链产值1 750亿元；畜禽加工产值700亿元，全产业链产值2 400亿元。开原市、台安县等地形成玉米淀粉、肉禽屠宰等五大产业链，预计2025年全产业链产值突破200亿元。辽宁各地区食品精深加工重点领域及产业链分布见表2-1。

表2-1　**辽宁各地区食品精深加工重点领域及产业链分布**

精深加工内容	地区	产业链构成
海产品精深加工	大连市	海参/贝类养殖→鲜活产品加工（冷冻/干制）→功能性食品（海参肽/胶原蛋白）→保健品→冷链物流配送
乳制品及功能性饮品	沈阳市	奶牛养殖→液态奶/奶粉加工→功能性饮品（益生菌饮料）→数字化营销
速冻调理肉制品	营口市	禽畜养殖→肉制品深加工（肉排/肉串/烤肠）→仓储配送→全国销售网络
肉鸡加工	营口市	肉鸡养殖→屠宰分割→宠物食品/预制菜→冷链物流配送
海鲜预制菜加工	营口市	海鲜捕捞/养殖→海鲜预制菜（锅包肉/雪绵豆沙）→中央厨房标准化生产→冷链物流配送

续表

精深加工内容	地区	产业链构成
马铃薯主食化加工	铁岭市	马铃薯种植→薯泥/薯浆加工→中式主食（面条/馒头）→速冻食品→全国销售网络
油料加工	铁岭市	花生种植→压榨/休闲食品加工→冷链仓储→电商销售
大豆加工	铁岭市	大豆种植→豆制品加工（豆腐/豆浆）→功能性食品（大豆蛋白）→副产品综合利用（豆渣饲料）
特种玉米加工	铁岭市	特种玉米种植→玉米淀粉/玉米油加工→功能性食品（膳食纤维补充剂）→副产品综合利用
大米精深加工	盘锦市	水稻种植→米糠提取→稻米油/米糠蜡/谷维素生产→医药/食品领域应用
调味品及酱料加工	盘锦市	辣椒/大豆种植→辣椒酱/豆酱加工→复合调味品→冷链仓储→全国分销
食用菌加工	抚顺市	食用菌种植→干制/冻干加工→保健品（灵芝孢子粉）→副产品综合利用（菌渣肥料）
中药材加工	本溪市	中药材种植→活性成分提取→中药饮片/保健品→废弃物循环利用→文旅融合
草畜养殖加工	朝阳市	牧草种植→肉牛/肉羊养殖→屠宰分割→肉制品深加工（香肠/罐头）→冷链物流配送
特色农产品冻干加工	朝阳市	果蔬种植→冻干加工（冻干苹果片/胡萝卜粉）→功能性食品研发→副产品综合利用
蛋品及饲料加工	辽阳县	蛋鸡养殖→蛋液/蛋粉加工→饲料生产→有机肥生产→冷链物流
优质稻米加工	北镇市	水稻种植→大米初加工→挤压再造米（速食米）→功能性食品开发→副产品综合利用

续表

精深加工内容	地区	产业链构成
辣椒深加工	法库县	辣椒种植 → 辣椒酱料加工 → 复合调味品 → 冷链仓储 → 电商销售
山野菜加工	彰武县	山野菜种植 → 果汁/果酱加工 → 医用淀粉提取 → 保健品生产 → 废弃物循环利用
山楂制品及中药材加工	彰武县	山楂/中药材种植→果汁/果酱→医用淀粉提取→保健品生产→废弃物循环利用
杂粮加工	建平县	小米/玉米种植 → 杂粮粉/即食食品加工 → 功能性食品（膳食纤维补充剂）→ 副产品综合利用
肉猪加工	建平县	生猪养殖 → 屠宰分割 → 中央储备库 → 肉制品深加工（香肠/罐头）→ 冷链物流配送
玉米深加工	开原市	玉米种植 → 淀粉加工 → 结晶葡萄糖/麦芽糖 → 饲料/有机肥
鹿产品及林特加工	西丰县	梅花鹿养殖→鹿茸/鹿血深加工→中药饮片→保健品→文旅融合
肉禽屠宰及预制菜加工	台安县	肉鸡养殖→屠宰分割→宠物食品/预制菜→冷链物流

注：以上表格数据根据网络公开信息整理。

辽宁在传统粮油加工基础上拓展预制菜、功能食品等11条细分产业链。例如沈阳市打造“翠花酸菜”“盛京厚稻”等区域品牌，新民市酸菜出口至美、日等国；菊花女食品将海鲜饺子从街头小吃发展为全产业链服务体系，深山秀饮品依托岫岩生态优势实现“0添加”健康理念。科技创新方面，鞍山市与高校共建“肉鸡科技小院”，沈阳成立预制菜重点实验室，台安县推动生物制药技术攻关。绿色加工、高效分离等技术达国际先进水平，玉米深加工形成淀粉、糖浆等多产品体系。数字化改造计划2025年前建成2 000个冷链设施、100个智能工厂，出口效率提升30%以上。在政策支持上，出台了《辽宁省食品工业大省发展规划》，提供贷款贴息和设备补助，打造“辽农优品”电商平台及323个知名品牌，新增7个区域公用品牌。

在取得以上成绩的情况下，辽宁的食品精深加工也面临着一些挑战。一是辽宁农产品加工业产值与农业产值比为2.0∶1，低于全国2.5∶1水平，精深加工产品占比不高。二是全省仅1家农业产业化百强企业（禾丰食品），规模以上企业数量偏少，产业链整合能力弱。三是部分集聚区存在基础设施资金缺口，专业技术人才短缺制约技术升级。四是“辽字号”区域公用品牌相对不多，大连海参、东港草莓等虽然有一定的知名度，但整体溢价能力较弱，与山东、广东等省差距明显。此外，省内有些地区仍以农产品初级加工为主，果蔬加工附加值低，农村电商等新业态需进一步拓展。

从表2-1可以看出，辽宁省食品精深加工产业链的发展以当地的农业资源禀赋为基础，依托各地区的自然条件和产业优势，形成了特色鲜明的区域布局。大连等沿海地区充分利用丰富的海洋资源，发展出口导向型高端加工，重点聚焦海产品精深加工，生产功能性食品和保健品，并通过冷链物流体系服务于国内外高端市场；沈阳市、辽阳市等中部平原地区凭借优质的稻米、蛋奶资源，构建了综合性农产品加工基地，涵盖大米初加工、功能性食品开发以及蛋品和饲料的全链条利用；抚顺市、本溪市等山区与丘陵地区则依托山地资源优势，发展食用菌、中药材等特色绿色食品加工，延伸至保健品、文旅融合等领域，体现了生态价值向经济价值的转化；朝阳市等西部地区结合旱作农业特点，大力发展杂粮、油料及草畜养殖加工，注重副产品的综合利用，推动循环经济发展；铁岭市等北部地区依托商品粮主产区优势，形成玉米、大豆等大宗农产品的精深加工链条，同时结合畜牧业发展肉猪、肉牛加工，实施粮牧并举的协同发展模式。在产业链延伸方面，各地普遍注重多层次加工，从初级产品到功能性食品、保健品的研发，显著提升了附加值，同时冷链物流和数字化技术的应用为生鲜食品、预制菜等高附加值产品的市场拓展提供了保障。整体来看，辽宁省食品精深加工产业呈现出资源驱动、链条延伸、绿色循环和科技赋能的特点；在政策引导下，全省通过集群化布局和绿色化升级，正加速从农业大省向科技驱动、低碳循环的食品工业强省转型。

2.2.2 食品精深加工关键核心技术及产品形态

食品精深加工技术的应用，对于提高食品资源利用效率、保障食品营养质量与安全具有重要作用。针对水果、蔬菜、肉类、海鲜等不同类型的产品，采用不同的加工方法与加工技术。食品精深加工关键核心技术见表 2-2。

表2-2 **食品精深加工关键核心技术及产品形态**

技术名称	技术核心内容	常见产品形态
超临界流体萃取	利用超临界CO_2等溶剂高效提取天然活性成分，环保且纯度高	天然色素提取物、功能性油脂（如鱼油）、香精香料
膜分离技术	通过选择性渗透膜分离、浓缩或纯化成分（如蛋白质、多糖）	浓缩果汁、乳清蛋白粉、大豆低聚糖制品
分子蒸馏技术	低压条件下分离高沸点、热敏性物质，保留活性成分	高纯度维生素 E、DHA/EPA 不饱和脂肪酸、天然精油
酶工程技术	利用酶催化修饰成分结构，改善营养与功能特性	低致敏性水解蛋白奶粉、抗性淀粉面包、酯交换功能性油脂
发酵工程技术	微生物代谢转化原料，生成风味物质或活性成分	益生菌酸奶、功能性发酵饮料（如康普茶）、酱油、豆瓣酱等发酵调味品
超高压非热加工技术（HPP）	超高压（300~600 MPa）非热杀菌，保留营养与风味	冷压果蔬汁、即食海鲜沙拉、新鲜即食肉制品

续表

技术名称	技术核心内容	常见产品形态
脉冲电场技术（PEF）	短时高压脉冲破坏微生物细胞膜，实现低温杀菌	延长保质期的鲜榨果汁、保留风味的巴氏杀菌牛奶
挤压膨化技术	高温高压剪切重组原料，形成多孔结构或仿生质地	植物基人造肉（如素肉块）、膨化谷物零食、组织化蛋白产品
3D食品打印技术	数字化建模逐层堆积，定制形状、营养与质地	个性化营养软糖、定制能量棒、复杂造型的巧克力/糕点
智能制造与数字化技术	AI优化工艺、物联网监控生产、大数据分析消费需求	智能工厂生产的定制代餐粉、基于健康数据的营养套餐、可溯源的冷链预制菜
微胶囊化技术	包埋活性成分（如益生菌、维生素），以提高稳定性与靶向释放	耐胃酸益生菌胶囊、DHA微胶囊奶粉、控释型维生素咀嚼片
冷链物流技术	全程温控（-18℃至4℃），保障生鲜与即食产品品质	冷链配送的预制菜肴、冰鲜刺身、冷冻烘焙半成品（如可颂面团）

注：以上表格数据根据网络公开信息整理。

食品精深加工通过分离提取（超临界流体萃取、膜分离）、生物工程（酶法改性、发酵）、非热保鲜（HPP、脉冲电场）、智能制造（3D打印、AI优化）及成分靶向递送（微胶囊化）等核心技术，推动产品向功能化（益生菌饮品、低GI食品）、便捷化（预制菜、速食饮品）、个性化（基因定制营养套餐）升级，未来将围绕健康需求、绿色可持续与智能化生产，加速植物基食品开发、精准营养定制及全产业链数字化，依赖跨学科创新实现资源高效利用与全球市场拓展。

2.2.3 提升食品精深加工产业链发展水平的思路和主要任务

（1）提升食品精深加工产业链发展水平的思路

辽宁发展食品精深加工产业链的总体思路是突出“补链、强链、延链”的中心任务，通过加快科技创新和资源高效利用，推动特色农产品向高附加值领域延伸，构建多元化、高端化的产业生态体系。在补链方面，聚焦蓝莓、南果梨、柞蚕等特色资源，深入挖掘生物活性成分和功能性应用，实现从初级加工向生物医药、健康产品等领域的价值跃迁；在强链方面，依托海产品、乳制品、肉鸡等重点产业，突破关键核心技术，提升产品品质和市场竞争力，打造智能化、绿色化的生产体系；在延链方面，围绕马铃薯、玉米、辣椒等传统农产品，开发环保材料、高端消费品和医药原料，拓展产业链条，满足绿色消费和高端市场需求。

（2）发展食品精深加工产业链的主要任务

• 推动辽宁蓝莓、南果梨、柞蚕等特色资源精深加工产业链的补链

针对辽宁某些特色农产品加工产业链条短、产品附加值低的问题，重点向生物活性成分提取和高端应用领域延伸。例如，在蓝莓产业中，依托丹东的种植优势，引入超临界CO_2萃取技术提取花青素，开发功能性饮品和抗氧化胶囊；在柞蚕产业链中，通过酶解技术将蚕蛹蛋白转化为降血糖肽，同步开发医用敷料，使每吨原料显著增值。同时，推动终端产品跨界创新，例如将河蟹甲壳素提取物用于医用止血海绵，替代进口明胶海绵，附加值可达原料的20倍，实现“从田间到手术台”的价值跃迁。

建议打破传统农业单一生产模式，通过“农业+工业+健康+文旅”多业态融合，构建产业生态闭环。以南果梨为例，在鞍山主产区建设“梨文化体验中心”，将果酒酿造工艺展示、果胶化妆品DIY体验、梨园观光旅游相结合，形成“种植—加工—消费—体验”一体化链条；在草莓产业链中，促进果泥、果干加工与乳制品企业合作，开发草莓酸奶、冰淇淋等联名产品，同

时利用草莓叶提取饲料添加剂反哺养殖业，实现资源循环利用。

通过物质流、能量流、价值流的闭环设计，将食品加工的传统废弃物转化为新增长点。例如在盘锦河蟹产业链中，将蟹肉加工后的甲壳用于提取医用材料，残渣制成生物肥回馈养殖塘，形成“蟹—壳—肥—蟹”的生态循环；在人参产业链中，将提取皂苷后的参渣加工为生物肥，反哺种植基地，降低化肥使用量。

依托区域资源优势，建设“一链一集群”的专业化园区，发挥技术、资本、人才的集聚效应。例如，在阜新布局绒山羊乳制品精深加工园，集成益生菌发酵、低温喷雾干燥等技术，吸引头部乳企入驻，开发低致敏性羊奶粉和功能性奶酪；在沈阳沈北新区建设鲜食玉米智能化加工中心，通过真空脉冲灭菌和益生元添加工艺，生产即食玉米棒和低GI主食套餐，直供社区团购渠道，带动加工率的显著提升。具体补链内容详见表2-3。

表2-3　**辽宁食品精深加工产业链补链内容**

产业链	补链理由	具备的产业链
蓝莓精深加工链	辽宁蓝莓产量占全国70%，但深加工以果干、果汁为主，高附加值产品开发不足。通过花青素提取技术开发功能性食品，预计提升附加值3倍，形成百亿级健康食品集群	蓝莓种植→鲜果分选/冷冻→花青素超临界萃取→功能性饮品/保健品→电商精准营销
南果梨全产业链开发	鞍山南果梨年产量超50万吨，深加工率不足10%，果酒、果胶市场空白。开发果胶化妆品和文旅融合模式，可使加工率提升至30%，果胶原料增值15倍	种植→鲜果分选→果酒/果醋定向发酵→果胶生物提取→化妆品原料→文旅体验营销
柞蚕丝蛋白综合利用链	辽宁柞蚕产量占全国80%，蚕蛹利用率不足5%。开发降血糖肽和医用敷料，预计每吨原料增值8万元，推动传统丝绸产业向生物医药延伸	柞蚕养殖→蚕丝纺织→蚕蛹酶解蛋白肽→降血糖功能性食品→医用敷料生产

续表

产业链	补链理由	具备的产业链
绒山羊乳制品链	辽宁绒山羊存栏量全国第一，但羊乳加工以液态奶为主。开发高端羊奶粉和母婴食品，预计附加值提升5倍，打破进口垄断	绒山羊养殖→益生菌发酵技术→高端羊奶粉/奶酪→母婴特医食品→冷链直达终端
河蟹甲壳素提取链	盘锦河蟹年产量7万吨，甲壳素提取率不足5%。医用止血材料和环保包装开发可替代30%的进口产品，附加值为原料价值的20倍	河蟹养殖→蟹肉加工→甲壳素绿色提取→医用止血海绵→可降解包装材料
鲜食玉米即食产业链	辽宁玉米种植面积超4 000万亩，鲜食加工占比不足1%。开发益生元强化即食产品，预计加工率提升至10%，抢占都市健康速食市场	种植→真空脉冲灭菌→益生元强化即食玉米→预制主食中央厨房→社区团购直供
小粒花生深加工链	阜新、锦州小粒花生品质优异，但加工集中于压榨油料。开发花生肽和壳源抗氧化剂，预计附加值为原料价值的12倍，推动向健康食品强省转型	花生种植→低温压榨油→蛋白肽纳米粉碎→休闲食品定制→壳源抗氧化剂提取
坚果深加工与樱桃/草莓链	朝阳榛子、大连樱桃和东港草莓以鲜销为主，加工技术落后。开发膳食棒和多酚咀嚼片，预计溢价4~6倍，樱桃核活性炭和草莓叶饲料实现零废弃	种植→冻干锁鲜→功能性成分提取→健康零食（榛子膳食棒/樱桃多酚咀嚼片）→副产物循环利用（核→活性炭）
人参精深加工链	桓仁、宽甸人参以原料出口为主，精深加工滞后。开发抗肿瘤新药和抗衰化妆品，预计产业链规模突破200亿元，重塑“人参黄金走廊”地位	人参种植→皂苷定向分离→抗肿瘤新药/高端化妆品→参渣生物肥反哺种植

在补链实施过程中，可以首先组建“企业+高校+科研院所”创新联合体，重点突破人参皂苷高纯度分离、甲壳素绿色提取、樱桃核活性炭制备等关键技术，在沈阳、大连建设食品中试基地，提供设备共享和工艺验证服务，加速实验室成果产业化。例如，联合中国医科大学开展蚕蛹降血糖肽的临床验证，推动柞蚕产业链向生物医药领域延伸。其次，建立“链主企业+合作社+农户”利益联结机制，推动跨链协同创新。例如，将柞蚕蛋白肽添加到绒山羊乳制品中，开发增强免疫力的功能性奶粉；利用南果梨果胶与盘锦河蟹甲壳素结合，研制可降解医用缝合线，实现产业链交叉增值。最后，实施“辽宁珍品”认证计划，对通过功能性验证的产品（例如南果梨果胶面膜、河蟹壳止血材料等）授予专属标识，建立品质信任度。在北上广深设立辽宁高附加值食品体验店，通过场景化营销传递“科技+健康”的品牌价值。

• 推动关键核心技术在食品精深加工产业链强链中的应用

对辽宁食品精深加工产业链中的重点产业进行强链，主要是因为其在全省经济中具有重要地位和资源优势，但是产业链上有些环节的附加值不高，整体产业链的产值提升空间较大。例如，大连市的海产品精深加工规模庞大，全产业链产值约400亿元，占全省90%左右，但高附加值产品开发不足，冷链损耗率较高，亟须通过技术创新提升附加值和竞争力。沈阳市乳制品及功能性饮品产业已形成一定规模，但功能性饮品研发滞后、品牌影响力有限，需要通过酶工程和智能制造技术推动功能性饮品向高端化发展。营口市肉鸡加工产业具备完整的闭环全产业链，规模化养殖率高达98.4%，但副产物综合利用不足，需通过生物酶解和高压加工技术挖掘高附加值产品潜力。盘锦市大米精深加工依托优质稻米资源，但功能性成分提取和医药领域应用尚处于起步阶段，亟待通过分子蒸馏和膜分离技术延伸产业链。西丰县鹿产品及林特加工虽有丰富的梅花鹿资源，但高附加值产品开发不足，缺乏品牌效应，需通过超临界萃取和3D打印技术实现产品高端化转型。

为推动关键核心技术在辽宁食品精深加工产业链强链中的应用，需要针对不同产业链的特点和发展需求，采取针对性的技术集成和应用策略。例如在海产品精深加工领域，可以重点应用超临界流体萃取技术，高效提取海参、贝类中的活性肽和胶原蛋白，制备高纯度的海洋生物制品。采用膜分离技术对海产品水解液进行分离纯化，去除异味和改善口感。同时建设智能化冷链物流体系，引入物联网温控系统，确保海产品全过程的冷链配送。

在乳制品及功能性饮品领域，沈阳市可以重点发展酶工程技术和发酵工程技术，利用乳糖酶水解牛乳中的乳糖，开发低乳糖、低糖酸奶；筛选优良益生菌株，生产风味独特的益生菌饮料；采用微胶囊技术固定乳铁蛋白，提高婴幼儿奶粉的稳定性。建设智能化生产车间，应用大数据分析消费者偏好，优化产品配方，提升乳品品质和市场响应能力。

对于营口市的肉鸡加工产业，可以采用挤压膨化技术和酶工程技术，利用双螺杆挤压机制备高蛋白宠物食品，提升鸡副产物利用率；采用复合酶水解鸡骨，提取高纯度胶原蛋白，拓展医用原料市场；也可以引入高压杀菌等非热加工技术，推动鸡肉预制菜品类升级。

在大米精深加工方面，建议盘锦市重点突破膜分离、分子蒸馏、微胶囊化等技术，联用膜分离与分子蒸馏技术，高效提取米糠中的谷维素、阿魏酸等活性成分，打通医药原料产业化路径。采用微胶囊技术开发米糠油营养强化剂，丰富产品品类。优化港口冷链物流设施，降低大米制品的运输成本。

在西丰县鹿产品加工领域，应着力攻克超临界萃取、冷冻干燥、3D打印等技术。采用超临界CO_2萃取鹿茸、鹿血活性成分，保留生物活性；利用冷冻干燥技术制备鹿副产品速溶粉；运用3D打印技术定制个性化鹿肉制品等。此外，还可以发展鹿血发酵饮品，推动传统滋补品创新升级。

• 开展食品精深加工产业链的延链工作

开展食品精深加工产业链延链的目的是通过拓展高附加值产品的开发方向，如功能性食品、环保材料、高端消费品和医药原料，解决现有产业链条较短、附加值不足的问题。这些延链内容不仅能够提升各产业链的技术含量和市场竞争力，还能推动辽宁食品精深加工产业向高端化、多元化和可持续发展方向迈进。具体延链内容见表2-4。

表2-4　　辽宁食品精深加工产业链延链内容

产业链	现有产业链	延链后的产业链
马铃薯主食化加工（铁岭市）	马铃薯种植→薯泥/薯浆加工→中式主食（面条/馒头）→速冻食品→全国销售网络	马铃薯种植→薯泥/薯浆加工→马铃薯淀粉提取→可降解塑料、工业黏合剂（延链）→环保材料市场→全国销售网络
草畜养殖加工（朝阳市）	牧草种植→肉牛/肉羊养殖→屠宰分割→肉制品深加工（香肠/罐头）→冷链物流配送	牧草种植→肉牛/肉羊养殖→屠宰分割→牛羊皮加工→高端皮具（延链）→时尚品牌合作；骨胶提取→工业胶黏剂/医用敷料（延链）→医疗/工业市场→冷链物流配送
特色农产品冻干加工（朝阳市）	果蔬种植→冻干加工（冻干苹果片/胡萝卜粉）→功能性食品研发→副产品综合利用	果蔬种植→冻干加工→冻干果蔬开发→高端宠物食品（延链）→宠物食品市场；中药颗粒辅料开发→中药制剂（延链）→医药市场→功能性食品研发→副产品综合利用
油料加工（铁岭市）	花生种植→压榨/休闲食品加工→冷链仓储→电商销售	花生种植→压榨→花生红衣提取物→保健食品原料（延链）→健康食品市场；冷榨花生油→高端食用油品牌（延链）→高端消费市场→冷链仓储→电商销售
玉米深加工（开原市）	玉米种植→淀粉加工→结晶葡萄糖/麦芽糖→饲料/有机肥	玉米种植→淀粉加工→玉米纤维提取→可降解包装材料（延链）→环保材料市场；玉米胚芽油→高端食用油细分市场（延链）→高端消费市场→结晶葡萄糖/麦芽糖→饲料/有机肥

续表

产业链	现有产业链	延链后的产业链
辣椒深加工（法库县）	辣椒种植→辣椒酱料加工→复合调味品→冷链仓储→电商销售	辣椒种植→辣椒酱料加工→辣椒素纯化→医药/化妆品原料（延链）→医药/日化市场；辣椒脆片/辣味坚果→休闲零食市场（延链）→年轻消费群体→冷链仓储→电商销售
大豆加工（铁岭市）	大豆种植→豆制品加工（豆腐/豆浆）→功能性食品（大豆蛋白）→副产品综合利用（豆渣饲料）	大豆种植→豆制品加工（豆腐/豆浆）→功能性食品（大豆蛋白）→分离大豆蛋白精深加工→分离蛋白/浓缩蛋白/组织蛋白（延链）→多领域应用；大豆肽生产→功能性食品/保健品（延链）→健康消费市场→副产品综合利用（豆渣饲料）
特种玉米加工（铁岭市）	特种玉米种植→玉米淀粉/玉米油加工→功能性食品（膳食纤维补充剂）→副产品综合利用	特种玉米种植→玉米淀粉/玉米油加工→玉米生物基材料→可降解塑料/生物纤维（延链）→环保材料市场；玉米发酵产品→乳酸/柠檬酸/氨基酸（延链）→食品添加剂/医药中间体→功能性食品（膳食纤维补充剂）→副产品综合利用

马铃薯主食化加工产业链在原有链条中增加了“马铃薯淀粉提取→可降解塑料、工业黏合剂”的延链内容，主要原因是当前产业链仅停留在主食化和速冻食品领域，未充分挖掘马铃薯淀粉在功能性材料中的潜力。通过延链，将马铃薯淀粉开发为可降解塑料和工业粘合剂，不仅迎合了绿色消费趋势，还显著提升了产品的附加值。

草畜养殖加工产业链在“屠宰分割”环节新增了“牛羊皮加工→高端皮具”和“骨胶提取→工业胶黏剂/医用敷料”的延链内容。当前产业链未充分利用皮革和骨胶等副产品，导致资源浪费和附加值不足。通过延链，将牛羊皮加工为高端皮具，将骨胶开发为工业胶黏剂或医用敷料，不仅提高了副产品的经济价值，还增强了产业链的竞争力。

特色农产品冻干加工产业链在“冻干加工”环节新增了“冻干果蔬开发→高端宠物食品”和“中药颗粒辅料开发→中药制剂”的延链内容。当前冻干技术主要应用于功能性食品，未充分挖掘其在宠物食品和医药领域的应用潜力。通过延链，将冻干果蔬开发为高端宠物食品，并将其作为中药颗粒辅料，拓宽了市场渠道，提升了冻干产品的附加值。

油料加工产业链在“压榨”环节新增了“花生红衣提取物→保健食品原料”和“冷榨花生油→高端食用油品牌”的延链内容。当前产业链以初级压榨为主，未开发高附加值的花生红衣提取物和冷榨花生油。通过延链，提取花生红衣抗氧化成分并生产冷榨花生油，满足健康消费需求，可显著提升产品溢价能力。

玉米深加工产业链在“淀粉加工”环节新增了“玉米纤维提取→可降解包装材料”和“玉米胚芽油→高端食用油细分市场”的延链内容。当前产业链仅延伸至饲料和有机肥，未开发玉米纤维素等生物基材料。通过延链，将玉米纤维用于生产可降解包装材料，同时优化玉米胚芽油生产工艺，迎合绿色消费趋势，提升玉米加工的附加值。

辣椒深加工产业链在“辣椒酱料加工”环节新增了“辣椒素纯化→医药/化妆品原料”和“辣椒脆片/辣味坚果→休闲零食市场”的延链内容。当前产业链集中在复合调味品领域，未开发辣椒素提取和辣味休闲食品。通过延链，提取辣椒素用于医药和化妆品领域，同时开发辣味零食，满足年轻消费者的需求，可显著提升辣椒加工的附加值。

大豆加工产业链在“功能性食品”环节新增了“分离大豆蛋白精深加工→分离蛋白/浓缩蛋白/组织蛋白”和“大豆肽生产→功能性食品/保健品”的延链内容。当前产业链仅覆盖基础豆制品和功能性食品，未充分开发大豆蛋白的多元化应用。通过延链，分离大豆蛋白并生产大豆肽，满足食品、保健品和运动营养品的市场需求，可显著提升大豆加工的附加值。

特种玉米加工产业链在“玉米淀粉加工”环节新增了“玉米生物基材料→可降解塑料/生物纤维”和“玉米发酵产品→乳酸/柠檬酸/氨基酸”的延链内容。当前产业链仅停留在基础功能性食品领域，未开发玉米淀粉在生物基材料和发酵产品中的应用。通过延链，将玉米淀粉用于生产可降解塑料和发酵产品，推动绿色消费和化工原料替代，可显著提升特种玉米加工的附加值。

2.3 促进食品加工产业集聚

2.3.1 食品加工业产业集聚现状

辽宁省食品加工集聚区呈现出规模持续扩大、结构不断优化和产业链持续延伸的发展特点。截至2023年，全省43个农产品加工集聚区的主营业务收入为1 692亿元，占全省规模以上农产品加工业总量的44%。2024年集聚区的营业收入进一步增至1 710亿元。其中，超百亿元的集聚区有2个，50亿元至100亿元的有2个，30亿元至50亿元的有13个。按照规划，到2027年省内农产品加工集聚区数量将增至48个，营业收入目标为2 200亿元。

辽宁省建设了小粒花生、白羽肉鸡、良种奶牛、辽河粳稻、大豆、肉牛6个国家优势特色产业集群，拥有8个国家现代产业园、47个国家农业产业强镇和113个全国“一村一品”示范村镇。未来将重点打造粮油、畜禽两个2 000亿级产业集群，以及果蔬、水产两个1 000亿级集群。规划建设23个全产业链产值超百亿元的特色产业集群，涵盖白羽肉鸡、辽参、设施蔬菜等领域。白羽肉鸡产业通过推广笼养方式和智能装备，发展精深加工并积极开拓国外市场；稻米产业实现区域化、规模化生产；大豆产业通过建设生产基地和推进深加工，主攻精炼食用植物油、大豆蛋白等产品。此外，杂粮、小粒花生、设施蔬菜、苹果、大樱桃、草莓、葡萄、山参、花卉等产业也在区域化布局和品牌化发展方面取得显著成效。

在畜禽产业方面，辽宁省重点建设了现代生猪、蛋鸡、肉牛、奶牛、肉羊、鹿等产业体系，提升屠宰加工和流通水平。水产品方面，海参、蛤仔、扇贝、海蜇、河蟹等品种通过生态健康养殖和品牌打造，已经发展成为具有区域特色的优势产业。主要集群发展情况见表2-5。

表2-5　　**辽宁主要食品加工产业集群**

集群名称	涉及地区	发展内容
沈北农副食品加工产业集群	沈阳沈北新区	以粮油、畜禽加工为主，形成全国性农副产品加工基地，2023年鲜冷冻肉年产量超500万吨（全国第二）
大连水产品加工产业集群	大连	重点发展海洋食品精深加工，年加工能力超200万吨，主导产品包括冷冻调理食品、鱼糜制品等
台安畜禽及肉制品产业集群	鞍山台安县	形成生猪、肉鸡全产业链，拥有禾丰等龙头企业，2023年饲料产量1 800万吨（全国第四）
辽西杂粮制品产业集群	朝阳、阜新等辽西地区	依托170万亩花生种植优势（全国首位），发展杂粮深加工，建设有机食品和保健食品基地
本溪生物医药产业集群	本溪	以中药饮片、健康食品为主，拥有121家市级以上农业龙头企业
阜新农产品深加工集群	阜新阜蒙县	依托478万亩耕地资源，发展玉米、花生深加工，吸引伊利等龙头企业，年粮食产量超40亿斤

续表

集群名称	涉及地区	发展内容
朝阳绿色农产品加工产业集群	朝阳	2024年上半年规模以上企业达47家，产值52.6亿元，重点推进生猪、肉鸡、粮改饲等项目
台安食品加工产业集群	鞍山台安农开区	建设预制菜、宠物食品等4个主题产业园，目标2025年产值超200亿元，已落地10.1亿元宠物经济项目
辽东中药材及特色农产品加工集群	本溪县	获批省级加工集聚区，重点发展中药材精深加工，带动近7万户农户
辽宁净良生猪加工全产业链集群	朝阳	2024年新开工10亿元项目，建设200万头生猪加工及冷链物流体系，预计年产值超50亿元

注：以上表格数据根据网络公开信息整理。

2.3.2 食品加工产业聚集发展思路、目标和布局

（1）发展思路

依托区域资源优势和产业基础，以特色化、集群化、高端化、绿色化为发展方向，通过优化空间布局、完善产业链条、强化科技创新和品牌建设，重点围绕稻米、大豆、花生、杂粮、水果、水产品、山珍与鹿产品、畜禽产品以及花卉等领域，构建从种植养殖到精深加工、冷链物流、品牌营销的全产业链体系，加强绿色低碳技术应用和循环经济模式的推广，实现各集聚区的差异化和协同发展，打造全国食品精深加工标杆区域和全球食品供应链重要节点。

（2）发展目标

在未来5到10年，建议辽宁食品产业集聚区以提升附加值和打造国际竞

争力为核心目标，推动各集聚区迈向高端化、品牌化和国际化。辽河平原的稻米与大豆加工集聚区实现功能性食品和生物基材料的规模化生产，成为全国稻米和大豆精深加工的标杆；辽西北的花生与杂粮加工集聚区形成全球花生和杂粮加工的重要基地，打造国际知名杂粮品牌；渤海湾的水果加工集聚区建成高端水果加工和贸易中心，推动大连大樱桃等品牌走向国际市场；海洋水产品加工集聚区成为全球海参、海蜇等水产品加工的核心区域，“辽参”品牌具备国际知名度；山珍与鹿产品加工集聚区开发高端功能性食品和保健品，发展成为全球山参和鹿产品加工的重要基地；畜禽产品加工集聚区覆盖全产业链，培育国际知名的猪肉、鸡肉和鸡蛋品牌；花卉与特色农产品加工集聚区推动花卉与旅游深度融合，开发高端功能性花卉食品。

（3）发展布局

• 辽河平原稻米与大豆加工集聚区

辽河平原稻米与大豆加工集聚区主要分布在沈阳市、铁岭市、辽阳市、鞍山市、营口市、盘锦市等核心区域，拥有优越的农业资源禀赋和完善的种植基础，为食品加工业提供了充足的优质原料。未来发展方向主要是推动稻米产业链向高端延伸，开发低糖米、速食米饭等功能性米制品，开展米糠油、米蛋白提取等副产品的综合利用，同时提升大豆加工技术水平，发展高附加值的大豆蛋白制品和植物基食品。通过建设现代化稻米和大豆加工产业园区，打造集种植、加工、物流于一体的全产业链集群。

• 辽西北花生与杂粮加工集聚区

辽西北花生与杂粮加工集聚区覆盖阜新市、铁岭市、朝阳市、葫芦岛市、锦州市等地区，该区域气候适宜花生和杂粮种植，已形成规模化的生产基地，尤其是阜蒙县、兴城市等地已成为全国重要的花生和杂粮集散地。建议该聚居区未来重点推进花生产业“良种繁育—绿色种植—精深加工—仓储物流”全链条发展，建设多功能产业园，在提升花生油、花生蛋白等产品市场竞争力的同时，打造杂粮品牌，开发杂粮煎饼、速食杂粮面等方便食品和杂粮代餐粉等健康食品。此外，要不断加强冷链物流体系建设，推动花生和杂粮产品出口，进一步开拓国际市场。

• 渤海湾水果加工集聚区

渤海湾水果加工集聚区以大连市、营口市、丹东市、锦州市、葫芦岛市为核心，该区域气候温和，土壤肥沃，在苹果、大樱桃、草莓和葡萄种植方面具有显著优势。建议未来重点推动苹果和大樱桃的精深加工，开发果汁、果干、果酱等产品，打造“大连大樱桃”“辽东苹果”等区域公用品牌；此外可以依托丹东东港草莓核心产区，建设草莓全产业链条，开发冷冻草莓、草莓酱、草莓饮料等产品；发展特色冰葡萄产业，做强桓仁冰葡萄酒品牌，推动葡萄深加工向高端化、品牌化方向迈进。

• 海洋水产品加工集聚区

海洋水产品加工集聚区覆盖大连市、营口市、丹东市、锦州市、葫芦岛市等沿海地区。该区域海洋资源丰富，海参、蛤仔、扇贝、海蜇等水产品养殖规模大、品质优良，已形成一定产业基础。建议未来重点打造“辽参”品牌，推进刺参浅海底播增殖和生态健康养殖，开发即食海参、海参肽等高附加值产品；推动蛤仔、扇贝、海蜇等水产品的精深加工，开发冷冻品、罐头、调味品等多样化产品；进一步巩固盘锦河蟹养殖优势，推广稻蟹综合种养模式，开发蟹黄酱、冷冻蟹肉等河蟹深加工产品。

• 山珍与鹿产品加工集聚区

山珍与鹿产品加工集聚区以本溪市、抚顺市、丹东市、铁岭市为核心，该区域山林资源丰富，是山参和鹿产业的重要产地，已形成规模化种植和养殖基地，具备发展高附加值功能性食品的潜力。建议未来重点推动山参产业高质量发展，开发人参饮品、保健品、化妆品等功能性产品；培育鹿产业龙头企业，开发鹿茸片、鹿血酒、鹿鞭糕等高附加值产品；同时加强科技研发，推动山参和鹿产品向高端保健食品、养生食品领域延伸，满足消费者对健康产品的需求。

• 畜禽产品加工集聚区

畜禽产品加工集聚区包括沈阳市、大连市、锦州市、阜新市、朝阳市、铁岭市等地区，其中白羽肉鸡、生猪、蛋鸡等产业在全国占有重要地位，具备发展全产业链精深加工的条件。建议未来重点推广白羽肉鸡笼养方式，提高智能化装备水平发展鸡肉精深加工产业链条；推动生猪全产业链发展，推行“集中屠宰加工、品牌经营、冷链流通、冰鲜上市”的产业链模式；发展蛋鸡产业的品牌化经营，建立鸡蛋精深加工产业链和质量可追溯体系；提升肉牛、奶牛、肉羊屠宰加工能力，开发牛肉干、乳制品、冰鲜包装羊肉卷等高附加值产品。

• 花卉与特色农产品加工集聚区

花卉与特色农产品加工集聚区涉及朝阳市、鞍山市、沈阳市、辽阳市、阜新市等地区，其中辽中玫瑰、彰武菊花等品牌已具有一定知名度，具备开发可食用花卉产品的潜力。未来建议重点打造辽中玫瑰、彰武菊花等花卉品牌，开发花草茶、鲜花饼、花酱等可食用花卉产品；推动花卉与旅游产业融合发展，建设花卉观光园和体验基地，提升花卉产业附加值；同时加强花卉加工技术研发，推动花卉产品向功能性食品、保健品领域延伸，进一步拓展市场空间。

2.3.3 食品加工产业聚集的主要任务

为充分发挥辽宁省14个地市的特色农产品的资源优势，提升全省食品加工产业的整体竞争力，需要通过产业聚集形成规模效应和协同效应。建议主要发展任务如下：

（1）推动七大领域食品加工集聚区的全产业链发展

针对稻米、大豆、花生、水果、水产品、山珍、畜禽七大领域，由政府制定全局性的产业链发展规划，例如《辽宁农业产业集群空间布局规划（2025—2030年）》，推动七大领域构建“种植/养殖—精深加工—冷链物流—品牌营销”一体化全产业链。推动稻米和大豆深加工产业向功能性米制品和大豆蛋白制品等高附加值产品延伸，引导企业研发低糖米、速食米饭等新型产品，促进稻米全产业链产品多元化发展。推动花生和杂粮产业的绿色种植与精深加工结合，通过技术创新提升花生油、花生蛋白、杂粮代餐粉等产品的市场竞争力，强化上游种植技术和下游加工设备的协同发展。推动苹果、大樱桃等水果的精深加工，开发果汁、果干、果酱等高附加值产品，逐步形成从种植、加工到品牌推广的完整产业链。发展水产品精深加工产业链，推动海参、蛤仔、扇贝等水产品的高附加值产品开发。推动山参产业的高端化发展，开发功能性人参饮品、保健品等产品，并提升山参品牌的影响力。加强山珍与鹿产品的研发力度，推动高端保健食品、养生食品领域的产品延伸，满足消费市场对健康、功能性食品的需求。推动畜禽产品加工产业的全链条发展，建设集屠宰、加工、冷链流通于一体的现代化产业园区，确保全产业链协同发展。

支持各集聚区围绕优势特色农产品加大标准化种植养殖基地建设力度，通过建设现代农业产业园，促进农业生产标准化、规模化、品牌化，为食品加工企业提供优质、稳定的原料供给。引导龙头企业向产业链上游和下游两端延伸，促进农业与工业融合发展。鼓励龙头企业建设或收购农业生产基地，实现农业生产与食品加工的无缝对接。支持龙头企业向下游产业链延伸，发展食品精深加工和综合利用，提高副产物和加工残渣的附加值。引导龙头企业与科研院所合作，研发生产方便食品、功能性食品等高附加值产品。强化食品物流仓储体系建设，特别是加快农产品仓储保鲜设施建设，提高农产品商品化处理能力。支持各集聚区建设低温仓储、气调库等现代化农产品物流设施，延长农产品货架期。支持食品加工企业与电商平台合作，发展“食品加工+冷链物流+电商销售”新模式，打通食品供应链各个环节。

（2）实现食品加工集聚区的跨区域协同联动升级

建立食品加工集聚区协同发展联盟，构建跨区域的信息共享平台，研究制定跨区域协同发展规划，明确各集聚区功能定位和协作方向，实现省内产业链各环节数据互通、风险预警和市场动态监控，通过统筹资源调配避免同质化竞争，促进区域间优势互补，提升整个产业链的响应速度和协调能力。制定和推行省内统一的食品加工产品质量、食品安全及环保标准，确保不同区域的产品在市场上具有一致的高品质形象，同时降低企业在跨区域合作中的摩擦成本。

在每个集聚区遴选2~3家链主企业，通过政府引导和市场化运作，支持其跨区域整合产业链资源。鼓励食品加工龙头企业跨区域兼并重组，向产业链上下游延伸，打造全产业链发展模式。支持链主企业与各集聚区内中小企业开展协作配套，建立紧密型产业联盟，带动产业集群协同发展。引导链主企业牵头组建跨区域产学研用联合体，联合高校、科研院所开展关键核心技术联合攻关，突破产业链发展瓶颈。

建立食品加工集聚区对口合作帮扶机制，支持发展水平较高的集聚区与欠发达地区集聚区开展对口帮扶。鼓励发达地区集聚区与欠发达地区集聚区共建产业园区，引导产业梯度转移。支持发达地区食品企业到欠发达地区集聚区设立原料基地、加工车间，带动当地产业发展。

（3）建设食品加工的循环经济示范区

建议编制食品加工循环经济示范区建设专项规划，根据各集聚区资源禀赋和产业基础，因地制宜确定循环经济产业发展定位和目标，制定循环经济发展路线图和时间表，明确建设内容和重点任务。遴选一批基础好、带动力强的骨干企业，培育成为食品加工循环经济龙头企业。鼓励龙头企业建立原料回收体系，提高农产品和食品加工废弃物的回收利用率。引导龙头企业创建绿色供应链，带动供应商和经销商参与循环经济。发挥龙头企业技术创新优势，开发绿色食品和生态食品，以提升产品附加值。支持各集聚区内企业探索共生发展模式，鼓励上下游企业建立废弃物循环利用的产业链条。以县域为单元，在七大食品加工集聚区规划建设若干循环经济产业园，优先引进废弃物利用率高、能源资源消耗低的食品加工项目，集中布局废水处理厂、有机废弃物资源化利用设施等公共服务设施，鼓励园区内企业共建原料供应、能源梯级利用等产业链条。

（4）提升食品加工集聚区在全球供应链中的地位

引导集聚区内的食品加工龙头企业主动对接国际知名食品企业，开展原料供应、代加工、品牌授权等多种形式的合作，为省内食品企业进入跨国公司全球采购体系打下基础，包括引进其在辽宁设立区域总部或采购中心。支持辽宁食品加工企业“走出去”，在境外设立原料基地、加工基地和营销网络，打造“辽宁食品”海外直销平台，深度融入全球食品供应链。充分利用好辽宁沿海港口优势，加强与“一带一路”共建国家食品产业合作，对标国际食品质量安全标准，加快出口导向型食品加工基地建设，打造面向东北亚的进出口食品集散地。同时，创建中日韩食品产业合作示范区，引进国际食品巨头设立区域总部，在营口、大连港建设保税加工园区，建立水产品、水果进出口快速通关通道。

（5）出台助推食品产业集聚区发展的扶持政策体系

出台扶持辽宁省食品产业集聚区发展的系列政策，明确土地、税收、融资等政策导向，为食品加工集聚区发展提供制度保障，对食品加工集聚区内的企业提供税收减免、融资支持和技术补贴，降低企业运营成本。设立食品加工产业发展专项资金，对集聚区基础设施建设、公共服务平台建设、龙头企业培育等给予重点支持。对集聚区内企业技术改造、研发创新等投资项目，给予一定比例的设备投资补助和贷款贴息。优先保障食品加工集聚区建设用地指标，对集聚区内食品精深加工项目用地指标单列，对集聚度高、带动力强的园区给予用地指标倾斜。对集聚区内企业新建和改扩建厂房的用地，在土地出让金等方面给予优惠。完善集聚区水电路气等基础设施，对重点项目给予用水用电优惠。支持集聚区发展分布式能源，降低企业用能成本。简化集聚区内企业项目审批流程，开辟用地审批绿色通道，提高审批效率。

2.4　推动食品加工技术装备升级

2.4.1　食品加工技术装备现状及发展趋势

为了契合现代消费者对食品安全、可持续性及个性化的需求，食品加工技术装备正在从传统机械向自动化、智能化方向加速转型。随着人工智能技术进步的持续推进，未来的食品加工设备将更具有智能性、灵活性等特点，为全球食品工业的可持续发展注入新动能。在这一进程中，食品企业需要紧跟装备制造的技术潮流，不断开展食品加工设备的技术升级改造，进而保持行业的竞争力。

（1）食品加工技术装备的现状

• 智能化与数字化转型加速

食品加工装备正在经历智能化升级改造的浪潮，采用智能化设备可以实时监测生产环境的温湿度、原料含水量等各项参数，确保食品安全与品质稳定性。例如，吴大嫂食品通过智能调度系统改造生产线，实现流水线自动化生产，显著提升了饺子类产品的产能与调度效率；贵阳高新惠诚食品有限公司的5G智慧工厂应用了机器视觉技术，实现AGV小车自动搬运货物、AI报损系统自动识别未售出糕点等功能。

• 绿色环保技术广泛应用

食品加工装备采用了节能设计和环保材料，精准控制生产过程中消耗的资源和产生的废弃物，不断提升生产过程的环保水平。例如，新型食品包装设备使用可降解材料，减少了塑料污染；有些食品加工设备采用先进的热回收技术，将食品生产过程中产生的废热进行回收再利用；一些乳制品加工企业采用膜分离技术处理废水，回收有用成分用于生产或作为饲料添加剂等。

• 高精度检测与质量控制技术的创新应用

智能化检测设备能够通过自动化导向检测来提高效率，例如南京丰浩华的高精度食品检测装置，能够利用翻转和限位结构实现食品自动传送与检测。利用基于光谱成像分析成分差异的高光谱技术（例如友思特高光谱相机），精准筛选食品生产线上的异物。在自动化质量控制系统集成设备中，高效面条机能够实现精确控制和面、压延、干燥等参数，进而确保产品质量的一致性。智能控制技术可以提升烘焙设备性能，例如安全卫士烤箱能够以精确的温湿度控制优化烘焙效果。

• 多功能集成设备推动生产效率提升

多功能集成设备能够实现食品加工的多种功能，例如同时具备切割、搅拌、烹饪等。通过集成先进的传感器和控制系统来实现自动化的生产流程，根据不同的加工需求自动调整参数，确保加工过程的精确性和一致性，减少人工干预，提高食品生产的效率和质量。例如多功能切菜机在餐饮业得到广泛应用，能够实现多种蔬菜的快速切割，提高工作效率；一些大型食品加工企业采用智能化的多功能生产线，通过集成多种加工设备和自动化控制系统，实现从原材料处理到成品包装的全流程自动化。

• 模块化设计实现设备灵活性提升

模块化设计是将食品加工设备分解为多个独立的模块，根据不同的生产需求进行组合和调整，每个模块都是预先设计和生产的，组装简单，因此显著提高了设备的灵活性和适应性，便于快速应对季节性生产波动和消费者需求的变化。例如Can Lines工程公司与Festo及CODESYS合作开发的采用模块化设计的饮料灌装系统，通过快速更换硬件和自动转换工艺程序，能够实现不同饮料产品灌装的无缝切换。

• 高端装备与成套设备国产化加速

我国食品加工高端装备和成套设备在工作速度、定位精度、运行稳定性、自动化程度等主要技术指标上已经达到或接近国际先进水平，国产食品加工设备逐步在制造成本、本土化服务等方面展现出相对竞争优势，在高端市场上呈现出逐渐替代进口设备的趋势，特别是在农产品深加工、液态食品灌装、高精尖肉类屠宰加工、全自动高速包装等关键领域，国产设备已达到国际先进水平。

（2）食品加工技术装备的发展趋势

食品加工技术装备的演进路径正呈现出多维突破的特征，不同技术路线的交叉融合正在重构产业图景。具体发展趋势主要有如下几个方面：

• 人工智能驱动全流程智能优化

未来食品加工装备将深度融合人工智能（AI）、物联网（IoT）和机器学习等新兴技术，通过AI算法实时监控生产参数来优化工艺流程。例如，预测设备故障并能自动调整运行状态，实现生产全流程控制的智能化；物联网为构建智慧工厂提供底层数据支持；协作机器人（Cobots）柔性机械臂能适应多品类生产需求，将在食品分拣、包装等重复性任务中得到广泛应用；数字孪生技术通过虚拟仿真优化生产流程，降低研发试错成本，可大大缩短新产品的开发周期。

• 非热加工与生物技术引领健康革命

非热加工技术和生物技术等新型加工技术将成为食品加工设备的重要发展方向之一。超高压非热处理技术利用超高压灭活微生物，能够保留食品中的营养成分，广泛应用于果蔬汁、乳制品等液态食品杀菌。脉冲电场和超声波技术则能够延长货架期和提高提取效率。纳米技术的应用进一步提升了功能性食品的质量，例如纳米包埋技术增强益生菌的稳定性，纳米涂层能够抑制细菌生长。合成生物学结合微生物发酵技术，推动了人造蛋白（如细胞培养肉）和植物基添加剂的量产，进而满足消费者对健康食品的广泛需求。

• 模块化与微型化工厂助力灵活生产

未来食品加工设备将向多功能集成和紧凑设计方向发展，以适应不同规模和场景的食品生产需求。例如整合清洗、切割、杀菌等多道工序的一体化设备，可能在中小型食品生产企业中得到较多应用。未来采用集装箱式移动加工单元建设的微型食品工厂，可以直接部署在农场或社区，实现“从田间到餐桌”的短链供应格局。模块化设计便于食品加工设备的运输和组装，能够适应不同区域的原料差异，例如热带水果加工设备的定制化改造。分布式制造模式通过小型化、移动式加工单元支持本地化食品加工生产，进而降低原材料供应链风险。

• 定制化与数据驱动生产重塑消费体验

随着消费者对食品个性化需求的增长，食品加工装备将更加注重柔性化和定制化的生产能力。定制化的生产线能够快速切换生产模式，满足小批量、多品种食品生产的个性化需求。3D打印技术将广泛应用于个性化食品制造，为老年人、婴幼儿、孕妇、运动员等特殊人群提供精准营养配比和造型设计的食品。消费者可通过数字化平台参与产品设计，选择符合自身需要的口味、形状等，推动食品生产过程中C2M（消费者到制造商）模式的发展。此外，基于可穿戴设备采集的人群健康数据，食品加工设备可以动态调整生产线参数，生成个性化配方，满足消费者自身的健康需求。

• 低碳技术与循环经济打造绿色加工体系

未来食品加工设备将更加注重绿色环保和高效节能，全行业将完全按照可持续发展理念来发展。节能干燥、膜分离、高压处理等低碳技术将得到广泛应用，可降解材料等环保包装材料及低排放工艺设备成为研发重点。食品加工装备设计将更加注重卫生标准与废弃物处理能力，例如水产品加工中的高效净化设备和果蔬加工的节水系统等。HACCP等安全标准将全面推动设备卫生设计升级，确保食品安全的同时减少清洁用水和清洁剂的使用。

2.4.2 食品加工技术装备升级的思路和主要任务

辽宁省食品工业的快速发展推动了食品加工与包装设备需求的增长，辽宁明确提出到2027年要突破30项关键共性技术，建设50家绿色工厂和100个智能工厂，推动食品加工装备升级。然而，辽宁食品加工装备的发展仍面临一些挑战，例如农产品加工、保鲜、仓储等专用机械装备配套率不足，食品机械制造及包装设备等配套产业发展相对滞后。

（1）食品加工技术装备升级的思路

辽宁省应立足装备制造业的基础优势，以智能化、绿色化、柔性化为核心，依托人工智能、非热加工、模块化设计等技术，通过构建产学研协同平台、强化关键技术攻关、优化区域产业链布局，推动食品加工装备向全流程智能优化、健康功能强化、灵活生产适配、个性化定制及低碳循环方向升级，同时打造具有辽宁特色的食品装备产业集群，助力传统装备制造向服务型制造转型。

（2）食品加工技术装备升级的主要任务

• 强化智能制造技术攻关，打造智慧工厂示范标杆

建议依托辽宁现有的装备制造业优势，建立省级食品装备智能化研发中心，重点攻关采用AI算法的新兴技术在食品加工流程优化、设备故障预测、生产参数自适应调整等方面的应用，在智能传感、机器视觉、数字孪生等方面实现智能制造关键技术突破。支持沈阳新松机器人等企业研发食品工业机器人、智能分拣码垛系统及数字孪生平台，实现生产参数的实时优化与故障预测，加快推进工业互联网、人工智能等新一代信息技术在食品装备制造领域的融合应用；在乳制品、水产品加工领域推广物联网设备互联，建立智慧工厂示范线，通过AI算法优化杀菌、包装等环节的能耗效率。继续实施食品企业工业互联网改造行动，鼓励食品装备制造企业和食品加工企业部署物联网系统，建设食品工业互联网平台，实现生产设备互联互通和数据共享，

推动食品加工装备的数字化、网络化、智能化升级。

• 聚焦非热加工与生物技术创新，抢占健康食品装备制高地

加大对超高压非热处理、脉冲电场、超声波等非热加工技术装备的研发投入，推动其在果蔬汁、乳制品、肉制品等领域的规模化应用，提升食品营养品质和货架期。支持合成生物制造、微生物发酵等生物技术在食品领域的应用，研发细胞培养肉、植物基蛋白等新型食品的生产装备，满足消费者对健康、营养等功能性食品日益增长的需求。支持大连工业大学、中科院沈阳自动化所等机构，组建高压脉冲电场（PEF）联合实验室，开发适用于海产品的低温杀菌装备，突破高压处理设备密封件耐压性的技术瓶颈。设立省级食品装备创新基金，对采用非热加工设备的企业给予相应的购置补贴。

• 发展模块化与分布式制造，构建灵活高效的食品加工体系

鼓励企业研发集成清洗、切割、杀菌、包装等多道工序于一体的食品加工设备，降低设备占地面积和能耗，满足中小型食品企业的需求。支持企业研发集装箱式、移动式食品加工单元，应用于农产品产地、社区、物流园区等场景，实现食品“就地加工”和“按需生产”，在缩短供应链的同时有效降低运输成本。依托省内的装备制造基础，打造高端食品制造装备集聚区。在农产品主产区推广集装箱式移动加工站，配备光伏供电系统和5G远程运维模块，实现杂粮、食用菌等就地初加工，减少运输损耗；推行“设备租赁+加工服务”模式，通过沈阳自贸区跨境装备共享平台对接蒙古国、俄罗斯等跨境农产品加工需求，促进形成区域协同的食品制造设备网络。

• 推动个性化定制与柔性生产，重塑食品消费体验新模式

支持企业研发可快速切换、柔性可调的食品生产线，满足小批量、多品种、个性化的生产需求，提升对市场需求变化的响应速度。鼓励企业探索3D打印技术在个性化食品制造领域的应用，为特殊人群提供定制化营养配

比和造型设计的食品。建设省级食品个性化定制平台，支持消费者在线选择口味、形状、营养成分等，推动省内食品制造业企业向柔性化生产转型。在沈阳、大连等地的试点C2M示范工厂，实现食品制造的小批量、多品种快速切换生产，缩短订单交付周期；推动食品行业积极利用可穿戴设备数据动态调整生产线配方，开发基于大数据分析的个性化食品配方生成系统，满足消费者个性化的健康需求。

• 推广绿色低碳技术，构建可持续发展的食品加工生态

加大食品加工过程的节能干燥、膜分离、超高压非热处理等低碳加工技术的应用力度，深入实施绿色制造工程，加大节能型干燥设备、低排放杀菌设备等绿色装备的研发投入力度，降低能源消耗和碳排放，支持食品装备制造向清洁生产、节能环保方向发展。研发环保包装与低排放设备，开发可降解包装材料生产线，替代传统塑料。支持企业开展食品加工废弃物资源化利用技术研发，例如将食品残渣转化为饲料、肥料、生物能源等，构建循环经济产业链。

2.5 加强食品工业标准化建设

2.5.1 食品工业标准化建设的重要意义

食品工业的标准化建设在确保产品安全、提升市场竞争力、增强消费者信任以及支持可持续发展方面发挥着不可替代的作用。它不仅为生产流程提供了规范化框架，还提升了行业监管效率，推动了技术创新和环境保护。随着全球化进程和技术进步的加速，食品工业的标准化建设将继续扮演重要角色，为行业参与者、消费者乃至整个社会带来深远的影响。

（1）有助于保障食品安全，提升市场监管效率

当前食品安全问题已经成为广大消费者关注的热点之一。推动辽宁食品行业加快标准化体系建设，在结合辽宁产业实际的基础上，能够确保食品生产的各个环节符合国家的食品安全要求。系统控制和消除食品生产过程中的风险，确保从原材料采购到加工、包装、储运、销售的每个环节都能符合安全标准，从而有效降低省内食品安全事故发生的概率。

此外，明确的食品行业标准不仅有助于规范企业的生产行为，还为监管部门提供了更符合地区食品生产实际情况的高效市场监督工具，特别是通过制定地方特色食品的系列标准，有助于市场监管部门快速、准确地进行质量检查和市场准入管理。例如针对地方预制菜品发布团体标准，有利于打击假冒伪劣产品，保障省内外食品消费者的权益，维护公平竞争的市场秩序，让广大消费者能够享受更加安全、放心的辽宁食品。

（2）有助于推动辽宁食品行业的技术进步，增强辽宁食品的省外市场竞争力

积极开展辽宁食品地方标准的制定，有利于促进省内食品企业按照标准开展技术创新，同时推动食品生产设备和加工工艺的升级改造。依据统一标准生产出来的辽宁食品，具备稳定的产品品质和风味，不仅能够确保食品安全和质量的可控性，还能够提升辽宁食品生产的标准化水平，减少生产过程中的人为差异和失误，降低省内食品企业的生产成本并提高整体生产效率，进而增强其在国内市场上的竞争力。

此外，推动辽宁食品行业的标准化建设有助于带动全省食品产业链的协同发展，促进原料供应、加工工艺、物流配送等环节的统一规范化管理。尤其是在食品行业加快推进数字化转型的背景下，建设标准化体系将促进辽宁食品行业加快应用智能制造、食品溯源等现代技术，有利于提升消费者对辽宁食品的品牌忠诚度。

（3）有利于增强省内外消费者对辽宁食品的信任度，推动辽宁食品产业的可持续发展

食品生产过程的标准化让消费者对产品质量和安全信息具有稳定的预期，为省内外消费者提供了外部信任依据，进而增强了其购买辽宁食品的信心。例如，消费者通过标准化的食品标签和成分列表能够清晰地了解产品特性，从而更明智地做出食品选购决策，有利于强化消费者对食品的重复购买行为。此外，食品工业标准化生产能够减少行业对环境的负面影响，例如食品包装的标准化有助于降低资源消耗和废物产生等，进而有利于食品行业的可持续发展。

（4）有助于推动辽宁食品行业对法规的适应性，引导食品行业的创新发展方向

食品产业的技术研发不仅要紧跟行业技术和消费者需求的变化，也要符合国内法律法规和行业标准要求。加强标准化建设，有利于推动全省食品产业在降低合规风险的同时进一步提升法律适应能力，引导整个食品行业的合规创新发展。

2.5.2 加强食品工业标准化建设的思路和主要任务

建议辽宁省食品标准化建设采取全链条提升、重点领域突破、彰显区域特色、智慧赋能驱动的发展思路。具体路径为：首先要立足食品全产业链视角，通过加快构建地方标准体系，系统提升省内食品行业的整体规范化发展水平；聚焦智能加工、功能性食品等前沿领域，开展联合攻关实现关键环节标准化的全面突破。其次，加快运用物联网、大数据等新一代信息技术，推行智慧化标准管理模式；通过建立省级标准管理平台，开展标准全生命周期管理，发挥标准化试点项目的示范引领作用。最后，完善食品标准化复合型人才培养机制，创新标准化研究成果的本地转化机制，助力辽宁食品产业的规范化快速发展。

（1）完善食品全产业链标准体系，提升食品行业规范水平

针对辽宁省内粮油、畜禽、水产、预制菜等产业，制定涵盖食品原料品质、加工工艺、冷链物流等产业链上各环节的标准，特别是针对省内预制菜产业，要及早制定营养品质、感官评价等地方标准。在深入挖掘“辽字号”特色食品的文化内涵和传统制作工艺的基础上，结合现代食品加工技术和质量安全要求，制定辽宁特色食品的地方标准。完善食品包装、贮藏运输、质量检测等环节的标准，提升省内食品产业质量安全的整体标准化水平。同时根据食品产业发展需求和消费升级趋势，推动省内食品标准体系的动态更新和持续优化。依托国家海洋食品工程技术研究中心等平台，联合省内人工智能和机械学科专业，开展智能加工设备、物理保鲜技术等核心标准的研发验证。推动食品产业链上下游企业间的协同合作，共同制定团体标准，鼓励龙头企业在其中发挥引领作用，带动中小食品企业提升标准化生产水平。

（2）推动各方联合开发食品标准，促进标准研发成果的本地转化

由省级相关部门牵头，成立“辽宁省食品标准化联合工作组”，整合省内食品学科相关科研院所、企业、行业协会等多方资源，联合开展食品加工新技术、新工艺的标准化研究，重点突破智能加工、功能性食品开发等领域的标准空白。选择省内重点食品企业作为标准实施的示范单位，根据自身的食品开发实际需求，不断提升本地标准化执行力和技术转化能力。支持大连工业大学、沈阳农业大学等高校设立标准化研究中心，开展食品领域共性技术标准和前沿技术标准的研发，推动食品行业中的技术创新成果进入标准化体系。建议搭建“辽宁省食品标准管理服务平台”，为省内食品标准制定、实施、评估提供统一管理和服务的线上渠道，对食品标准在省内的执行情况进行全程追溯，推动食品产业链上下游协同开展贯标行动。

(3) 推动省内食品产业集群的标准化试点，通过激励机制强化食品标准的示范引领

建议在省内的农产品加工集聚区或者食品产业园区，建设一批示范性标准化食品产业园区，重点推广应用智能温控、自动化生产线、产品质量追溯等智慧化管理和数字化技术，打造集成智能温控、质量追溯等标准的应用场景，形成"一园一标"的示范发展模式，展示标准化实施的效果，带动园区周边企业效仿。设立标准化创新基金，支持省内食品龙头企业主导或参与国际标准、国家标准制定，鼓励企业在食品安全、环保、营养等方面开展前瞻性的标准化研究，同时建立企业标准设计的"领跑者"奖励制度。对主导或参与国家标准、行业标准制定的企业给予资金奖励；对制定高于国家标准的企业标准或团体标准，给予政策支持和宣传推广。通过政府补贴、技术支持、培训等方式，帮助省内食品企业特别是中小企业，掌握实施食品标准化的基本方法和工具，特别是产品质量、生产工艺、包装设计等方面的标准化工作，助推广大中小食品企业走上高标准化发展的道路。

(4) 建立食品标准化人才培养机制，为行业提供标准化推广的专门人才

支持省内高校开设食品标准化相关的课程，培养一批既懂食品专业知识又熟悉标准化工作的复合型人才，加强本地区食品标准化领域的人才培养力度。例如在食品科学与工程专业中增加"标准化管理"模块，开设食品国家标准与法规、辽宁地理标志产品标准制定等特色课程，同步开发模拟面向欧盟食品出口标准认证流程等虚拟仿真实验课程。鼓励校企联合共建标准化中试基地和数字化实训系统，支持学生进行标准开发、比对、缺陷诊断等实战训练。联合国内权威机构推出"辽宁食品标准化工程师"认证，对取得认证的省内高校毕业生推荐至知名企业担任标准化专员。同时积极吸引国内外标准化专家参与辽宁食品产业标准制定，提升地方食品标准的国际化水平。通过校企联合建立食品标准的专业培训平台和实训基地，定期举办标准化实践课程和研讨会，鼓励企业设立标准化工程师岗位，提高从业人员的标准意识

和实施能力。

（5）健全食品标准化政策保障和监督体系，加强食品标准的宣传普及和贯彻实施

建立“辽宁省食品标准实施监督平台”，利用大数据和区块链等新兴技术，实现省内食品生产、流通、消费全链条的标准化实施效果的监管，加大对企业执行食品标准情况的监督检查力度，将食品标准执行情况纳入企业质量信用评价体系，严厉打击不合格食品的流通，加强对违规企业的惩处力度，依法依规严肃处理不遵守标准的行为。鼓励省内食品生产企业在“企业标准信息公共服务平台”上公开执行的食品标准，接受社会监督。组织省内食品行业定期开展食品标准化培训，引导企业主动采用先进标准提升产品质量，提高企业标准化意识和执行能力。鼓励行业协会定期开展标准实施效果评估，协助开展标准制定和实施监督，及时反馈企业和消费者对标准的意见建议，对不符合产业发展需求的标准及时修订或废止，确保标准的科学性和适用性。此外要加快省内食品标准信息化建设，通过建设专门的食品标准公布平台，为企业和社会公众提供便捷的标准查询和比对服务。积极开展食品标准开发的国际交流合作，提高辽宁食品标准的国际等效性和互认性，助力辽宁食品企业进入国际市场。

3

因势利导以食品工业促进三产融合发展

3.1 做好“土特产”大文章

3.1.1 打造乡村特色食品产业

（1）我国乡村特色食品产业发展现状

2023年工业和信息化部等十一部门联合印发《关于培育传统优势食品产区和地方特色食品产业的指导意见》，规划我国各地发展传统优势食品产区和地方特色食品产业，借此助力乡村振兴和共同富裕。该意见公布了特色农产品原料基地与重点地方特色食品产业集群，为各地区充分发展乡村特色食品产业提供指导方向。

根据该指导意见，华北地区依托悠久的酿造传统和丰富的农业资源，形成了以白酒、醋和乳制品为特色的产业集群，如北京清香型白酒和内蒙古牛乳制品；华中地区依托农业优势和传统工艺，将米酒、茶和肉制品作为产业集群的核心内容，例如湖北孝感米酒和河南肉制品；华南地区凭借温暖湿润的气候，发展了以凉茶、海鲜和热带水果为主的食品产业，如广西螺蛳粉和广东凉茶；华东地区则结合海洋资源和茶文化，形成了以茶叶、海产品和调味品为特色的产业集群，如山东海参和浙江龙井茶；西北地区利用独特的气候和草原资源，重点发展葡萄酒、枸杞和牛羊肉制品，如宁夏葡萄酒和新疆番茄制品；西南地区则依托丰富的农业资源和酿造工艺，形成了以白酒、茶和调味品为特色的产业集群，如四川浓香型白酒和云南普洱茶。这些地区的食品产业集群各具特色，充分结合了当地的自然条件和文化传统，形成了多样化的产业格局。

辽宁省特色农产品原料基地主要涉及水稻种植、海水养殖、葡萄种植和娟姗牛奶生产。例如，将辽宁盘锦定位为全国重要的水稻种植基地之一，将辽宁滨海地区规划为全国重要的海水养殖基地之一，打造辽宁桓仁成为国内著名的葡萄酒产区，以及充分利用辽宁娟姗牛优势，建设娟姗牛乳生产基地等。

黑龙江省特色农产品原料基地建设主要涵盖三个领域，分别是水稻种植、大豆种植和黑蜂蜜生产，将黑龙江三江平原、松嫩平原规划为全国最大的商品粮生产基地，将黑龙江定位为中国最大的大豆主产区，同时依托黑龙江原始森林资源优势，建设全国最大的黑蜂自然保护区和长白山椴树蜜产区。

吉林省特色农产品原料基地主要聚焦在朝鲜族水稻种植和野生山葡萄酿酒两个方面，将吉林延边打造为著名的朝鲜族水稻种植区，依托吉林通化野生山葡萄资源，重点发展葡萄酒酿造产业，将其塑造为“中国最北葡萄”产区。

近年来，全国各地纷纷围绕“土”字做文章，依托当地农业资源打造产业集群，例如黑龙江的海伦大豆、东宁黑木耳等“黑土优品”畅销海内外；江西省的赣南脐橙、南丰蜜橘、婺源绿茶等一批区域特色品牌有力推动了农民增收；陕西省的米脂小米、眉县猕猴桃、韩城大红袍花椒等地理标志农产品受到市场的欢迎。

2024年中央一号文件明确指出，鼓励各地因地制宜大力发展特色产业，支持打造乡土特色品牌。农业农村部数据显示，2023年中国各地新建40个、续建51个优势特色农业产业集群，培育全产业链产值超100亿元的集群139个、超500亿元的14个、超1 000亿元的3个，培育乡村特色产业专业村镇4 068个，实现总产值9 000多亿元，将农民人均可支配收入平均提高4 000多元。从这个发展态势来看，立足本土优势农业资源，打造乡土特色食品产业，对区域农村经济发展具有重要推动作用。

对辽宁来说，目前重点发展的辽宁海参制品、青芥辣根制品、锦州沟帮子熏鸡、大连水果罐头、沈阳新民酸菜制品产业集群等，都是依托当地特有的农产品资源，在注重挖掘和继承当地传统美食文化的同时，实现了特色农产品就地转化增值。

（2）辽宁省乡村特色食品产业发展现状

作为农业大省，辽宁拥有丰富的农产品资源。全省已形成粮油、设施蔬菜、水果、畜牧、水产和特色产业六大主导产业，草莓、樱桃、榛子、花卉、中药材、绒山羊、梅花鹿、海参、河蟹等特色产业已具规模。辽宁现有知名农产品品牌323个，农产品地理标志100个，全省农产品区域公用品牌64个，绿色食品产品1 083个，有机农产品88个。国家级农产品特色优势区7个，大连海参等11个品牌入选中国农产品区域公用品牌目录。截至2022年年底，全省年销售额超100亿元的区域公用品牌3个，分别为大连海参、大连大樱桃、东港草莓；50亿~100亿元2个，分别是盘锦河蟹、盘锦大米；20亿~50亿元9个，包括西丰鹿产品、东港杂色蛤、营口大米、营口海蜇、桓仁山参、北票番茄、东港梭子蟹、鞍山南果梨、凌源百合。

然而，尽管辽宁省农产品资源丰富，但细化到具体食品原料供应，在相关种植、养殖和捕捞作业中，存在装备技术水平、精深加工水平不高等问题，尤其是绿色增产增效技术引入不足，尚不能实现全面科学种植、科学养殖与科学捕捞。从产业中游来看，辽宁省粮油、设施蔬菜、水果、畜牧、水产和特色产业等主导产业产品多为初级加工品，尽管部分品类如粮油、水果、水产品、中药材等开始逐步由“初级”向“精深”转型升级，但精深加工水平提升空间较大。从产业链下游来看，部分主导产业已经形成较为多样化的流通渠道组合，但仍有较多农产品的流通渠道尚不成熟，触达消费者的路径不清晰；同时，农产品的市场影响力与知名度有待提升，省外消费者市场培育还有待强化。

（3）辽宁省乡村特色食品产业的发展对策

• 深度挖掘地域特色，构建乡村特色食品全产业链条

发展乡村特色食品产业离不开对地域特色的深度挖掘，要将辽宁地方独

有的农产品资源和特色小吃转化为标准化、可溯源、便携的食品形式，尽可能发展乡村特色食品产业链条，才能真正形成规模效益。近年来，虽然辽宁省在乡村特色农产品的梳理上取得了显著进展（例如2023年发布了首批农产品区域公用品牌目录，其中盘锦大米、东港草莓、大连大樱桃等32个产品榜上有名），但从整体来看，目前辽宁乡村特色农产品和食品文化的挖掘深度不够，同时从种植养殖到加工销售的完整产业链条有待继续培育。

• 加大科技创新投入，持续推进特色食品产业转型升级

辽宁要加大特色农产品种养殖领域的科技创新投入，建立标准化、规模化的种植养殖基地，大力开展适宜食品工业加工的优良品种选育、生态种养殖等关键技术攻关，引入现代农业技术和智能化设备来优化乡村特色食品生产工艺流程，重点突破特色乡村食品精深加工的关键技术瓶颈。

• 培育乡村特色食品龙头企业，带动食品产业链的良性发展

辽宁可以基于各地的特色农产品资源，重点扶持一批具有全产业链协同发展能力的特色农产品企业，引导当地的资源、技术、人才和资本向这些企业集聚。例如，对于铁岭榛子产业可以通过培育龙头企业，整合上下游资源，发挥龙头企业的示范效应和辐射作用，带动榛子产品知名度的提升，形成地域与企业相互促进的良性循环格局。

• 积极拓展省外市场渠道，提升乡村特色食品在省外的市场竞争力

辽宁省除了加强与吉林、黑龙江等周边省份的合作之外，还要面向更具潜力的南方市场，深化与京津冀、长三角、粤港澳大湾区等发达地区的产销对接合作，鼓励特色食品龙头企业在重点城市设立产品体验店、专卖店，支持农民合作社与大型商超、连锁餐饮企业开展产销对接，建立稳定的省外销售渠道。政府出台激励措施，引导辽宁省特色食品企业参加全国各地的重点展会。要立足辽宁省的农业资源禀赋，打造能够提升辽宁特色食品整体形象的区域公用品牌。此外，与文旅活动联动，定期举办辽宁乡村特色食品节等大型促销活动，吸引省外消费者。同时利用网络直播、短视频等新媒体手

段，支持特色食品企业入驻天猫、京东等知名电商平台，进而加大辽宁乡村特色食品宣传推介力度，提升产品的省外知名度。

• 加强乡村特色食品的安全和质量控制，保障产业的可持续发展

辽宁省要针对乡村特色食品产业特点，引导龙头企业制定相应的乡村特色食品安全地方标准，加大这些地方标准的宣传、培训和落实力度，确保省内的所有乡村特色食品生产全过程遵循标准。利用大数据、物联网等信息化手段建立覆盖乡村特色食品生产、加工、流通等全产业链的监管体系，引导特色食品企业建立食品安全管理体系，建立从农田到餐桌的全链条追溯系统，实现农产品生产、加工、流通等关键环节信息的可追溯。

3.1.2 发展特色农产品产业园区

（1）农产品产业园区的类型

特色农产品产业园区是食品产业发展的重要平台与支撑。目前，我国已经支持创建国家现代农业产业园约300家，自上而下带动7 000多个省、市、县三级现代农业产业园的创建和发展，促进我国初步形成了以园区化引领驱动现代农业产业发展的整体格局。从产业生态构建的核心驱动力来看，可将农产品产业园区划分为五种典型范式，各类型在价值链延伸路径和要素配置效率方面呈现显著差异。具体类型如下：

• 加工增值型园区

以产业链纵向延伸为特征，这类园区多围绕初级农产品构建精深加工体系，运行模式通常表现为“农户+加工企业+市场”的三元结构，通过提升产品附加值实现利润倍增。山东寿光蔬菜加工集群就是典型案例，其脱水蔬菜生产线将原料附加值提升3~8倍。此类园区往往呈现重资产特征，园区总投资中设备投资占比超过60%，市场风险抵御能力相对较弱。

• 科技密集型园区

这类园区本质上是农业科技创新转化平台，其运行遵循“研发–中试–

产业化”的螺旋式发展路径。例如南京白马现代农业高新技术产业园的智能温室系统，将单位面积产量提升至传统种植的15倍。这类园区研发投入强度普遍超过销售收入的8%，但技术外溢效应可能削弱企业竞争优势，这一点在生物育种园区表现尤为明显。

• 全链条整合型园区

其试图重构传统农业产业生态，通过纵向一体化实现价值捕获。例如广东温氏集团的生猪产业园构建了从饲料生产到终端销售的完整闭环，这种模式将产业链各环节利润率从分散状态下的6%到12%提升至整体系统的18%到25%。不过这种重资产运营模式对资金链稳定性提出极高要求，曾有大型养殖集团的资金断裂事件即为前车之鉴。

• 生态循环型园区

其核心逻辑在于物质能量的梯级利用，这类园区本质上构建了微型农业生态系统。例如广西某蔗糖产业园的“蔗—牛—菇”循环链，使原料综合利用率达到92%以上。这种模式在理论上具有完美的可持续性，但实际操作中常受制于技术耦合难度，比如沼液还田的时空匹配问题至今仍是技术痛点。

• 市场驱动型园区

展现出强烈的外向型特征，这类平台本质上是农产品流通的神经中枢。浙江义乌农贸城日均交易额突破1.2亿元，其成功秘诀在于构建了“信息流-物流-资金流”的三流合一体系。不过在的电商冲击下，传统批发市场的转型压力日益凸显，2022年北京新发地市场的线上交易占比已突破40%，这种转型过程中的阵痛或许正是业态升级的必经之路。

（2）辽宁特色农产品产业园区发展情况

在辽宁省委农办牵头下，全省围绕打造食品工业大省积极行动。目前，通过加强招商引资，新建若干加工集聚区并盘活多个已有加工集聚区，辽宁特色农产品加工集聚区建设已初见成效。目前，辽宁省已建成多个国家级现代农业产业园，其中部分为特色农产品产业园区。例如，以山参为主导产业的桓仁现代农业产业园，以生猪和肉鸡为主导产业的台安现代农业产业园；大石桥市现代农业产业园和盘锦市大洼区现代农业产业园均是以水稻为主导产业，推广稻田养虾、稻田养蟹、稻田养鸭等稻渔立体种养模式，打造了集科技研发、生产加工、交易展示、观光休闲于一体的一二三产业深度融合的特色国家现代农业产业园；长海县以海螺和扇贝养殖为主导产业，形成优质海参和优质扇贝产业发展集群，也是国家现代海洋牧场示范基地，全国优质水产品加工示范基地，全国休闲渔业观光旅游示范基地；东港市国家现代农业产业园则是以草莓为主导产业。

（3）辽宁特色农产品产业园区发展策略

尽管当前辽宁在粮油、设施蔬菜、水果、畜牧、水产和特色产业等主导产业均能够根据地域特色打造相应的产业园区，旨在实现“原料-加工-流通”的产业一体化，但由于大部分集聚区的产业规模效应尚未形成，区域产业联动也未能有效实现。因此，有必要以当前产业集聚区分布为基础，进一步结合地域农业特色与品牌形象，从产业链协同角度出发，根据自身条件发展不同类型的农产品产业园区，着力形成区域产业集聚的规模效应。对各类企业的引进过程应注重与农产品产业园区定位的匹配程度，强化区内区外各主体的资源协同与价值共创。建议辽宁特色农产品产业园区发展策略如下：

• 打造“1+N”特色农产品体系，深化产品定位与品牌建设

特色农产品的市场定位与品牌塑造是农产品产业园区发展的关键环节。辽宁可以通过特色农产品“1+N”品牌体系的顶层设计，形成一个以辽宁农产品区域公用品牌为核心，山珍、海味、粮油、果蔬、畜牧等聚焦特色优势产业的“N”个细分品类。引导产业深入分析市场需求，开展辽宁特色农产品的精准定位，开拓诸如桓仁山参、大连海参等高端市场，盘锦大米、东港草莓大众市场，即食海参等年轻市场，海洋生物保健品等老年市场。鼓励企业通过短视频、社交媒体等新媒体手段，挖掘辽宁

的满族文化、海洋文化、农耕文化等内涵，将其融入特色农产品的品牌叙事中。

• 构建“技术+交流”驱动的创新研究中心

借鉴荷兰“食品谷”将技术与产业深度融合的成功经验，辽宁省可以整合省内涉农高校、科研机构和企业资源，突破市县行政边界构建跨区域的农业加工技术研发中心，形成“多点支撑、协同创新”的技术研发格局。在挖掘食品产业“新赛道”未来趋势的基础上，实现技术与市场的有效衔接，同时搭建特色农产品加工技术研发的国内国际交流合作平台，为特色农产品产业园区的长远发展注入活力。

• 践行“农产城用”理念，优化产业链布局

在明确各特色农业产业园区发展定位的基础上，结合园区所在城市的发展战略，统筹考虑特色农业发展与城市建设的空间布局之间的协调关系。围绕所在城市消费升级需求开发具有市场竞争力的特色农业深加工产品，建立产地直供、定制配送等新型流通方式，推动特色农业产业园区与大型商超、社区生鲜店等城市终端的产销对接；打造集观光农业、休闲农业、创意农业等多种业态于一体的都市农业综合体，发展周末农庄、农事体验等形式，吸引城市居民走进园区体验农耕文化，多措并举促进园区与城区的有机融合与协调发展。

• 推动标准化生产与农业循环经济发展

根据国家和行业标准，针对辽宁特色农产品的实际情况，重点围绕种植养殖、收购贮藏、加工包装等环节，制定各类特色农产品全产业链生产技术的地方标准，实现从农田到餐桌的标准化管理。要将各类特色农产品产业园区发展为农业循环经济产业园，实现农业生产过程中的减量化、再循环和再利用。

• 规划建设数字经济产业园，赋能特色农产品发展

建议由政府统筹规划，联合行业协会、重点企业、相关高校及科研院所

等多元主体协同推进数字经济产业园建设，聚焦辽宁特色农产品集聚区，推动数字技术与农业生产、加工、流通全链条深度融合，为园区重点配套智能农机、北斗导航、大数据平台等硬件设施。通过搭建农业大数据中心和农产品溯源平台，实现生产精准监控与质量追溯，并依托产业园整合产业链资源，培育智慧农业示范基地。同步落实财政补贴政策，对符合条件的智慧农业项目按总投资给予相应的资金支持，加速农业数字化转型，赋能辽宁现代农业高质量发展。

• 建设多样化农产品产业园区，因地制宜发展区域经济

辽宁省可以根据各地的农业资源禀赋和发展条件，因地制宜布局建设多样化的农产品产业园区，充分发挥各地区的比较优势，实现不同园区之间的错位发展，避免出现省内园区同质竞争的局面，为辽宁省特色农产品产业的整体提升提供有力支撑。例如，在农业资源丰富的地区，可以重点发展以种植养殖为核心的产业园区；在交通便利的城市周边，可以建设以加工、物流为主导的园区；而在科技资源集中的区域，可以打造以研发、创新为特色的园区。

3.1.3 发展乡村特色新产业、新业态、新模式

2023年，国务院在《关于做好2023年全面推进乡村振兴重点工作的意见》中指出，未来要积极培育乡村新产业新业态，实施文化产业赋能乡村振兴计划，建设乡村休闲旅游精品工程，推动乡村民宿提质升级。未来深入实施“数商兴农”和“互联网+”农产品出村进城工程，鼓励发展农产品电商直采、定制生产等模式，建设农副产品直播电商基地。提升净菜、中央厨房等产业标准化和规范化水平，培育发展预制菜产业。这些均为乡村特色新产业、新业态和新模式的构建指明了方向。

围绕乡村新产业新业态新模式的建设，各地纷纷采取一系列创新举措。例如，浙江省湖州市安吉县鲁家村，引入安吉浙北灵峰旅游有限公司共同组

建安吉鲁家乡土旅游公司，村集体占股49%，社会企业占股51%，构建“公司＋村集体＋家庭农场”的模式，带动一、二、三产业融合发展，启动了全国首个家庭农场集聚区和示范区建设。辽宁桓仁山参全力开启“山参+文旅”深度融合模式，以山参、养生、宜游为特色，打造回归自然、健康养生、乡村度假等为主的休闲康养度假生态旅游产业，先后启动参康源摇钱树“山参之乡”健康旅游和正直山参旅游山庄等度假区建设，提升山参特色旅游综合实力。农业农村部数据显示，2023年，全国各地共宣传推介了256个美丽休闲乡村，发布乡味浓郁的109条精品线路和365个精品景点，累计推介中国美丽休闲乡村1 953个，打造了一批城乡居民休闲旅游“打卡地”。

辽宁发展乡村特色新产业、新业态、新模式的方向在于深入挖掘地域资源与文化价值，融合传统文化与现代工业，实现从产品主导向场景体验转型；依托数字技术和创意设计，延展农业产业链并不断拓展产业边界；灵活利用反季节资源和非遗技艺，催生具有地方特色的文旅食品产品；构建支持草根创新的生态系统，激活地方性知识资本，为乡村经济注入持续增长的内生动力。建议采取以下几个发展策略：

（1）将辽宁传统农业生产场景转化为具有文化内涵和消费体验的新型空间，建立农业与关联产业深度融合的多元化价值重构机制

农业与关联产业的跨界融合呈现出非线性演进特征，需要构建“生产场域–文化符号–消费体验”的三维转换通道，促进农业要素和生产要素的创造性重组，而非简单叠加不同业态功能。例如，可以将渔业生产场地改造为沉浸式的艺术体验区，通过提升文化赋能强度来增加旅游衍生品的收益。

（2）采取“双轨并进”策略，大力推进辽宁乡村特色食品产业的数字化转型，实现产业数字化升级的非对称突破

首先，要在产业基础设施层面完善物联网监测体系，利用传感器、智能终端等实现农产品生产过程的实时监控和数据采集，推动种植养殖环节的精细化、标准化管理。其次，在应用服务层面开发具体的数字孪生系统，利用

3D 建模、VR/AR 等技术实现农田种植过程数字化呈现，发展成为可交互、可体验的数字资产，创造更加多元化的销售渠道和商业模式。同时，积极应用区块链技术构建农产品溯源体系，实现产品生产、加工、仓储、物流等环节的透明化管理，提升消费者信任度，进而扩大优质农产品的溢价空间。

（3）重构盘活乡土空间资源，创造性再利用农村基层服务设施，打造乡村特色食品产业发展的新增长极

鼓励各地因地制宜将闲置农房、废弃工厂、集体资产等改造为复合功能的产业服务节点，统筹发展休闲、文创、康养等多元化业态形式，依托新型服务项目吸引社会资本投入，实现“1+1>2”的乡村空间的价值增长。建议采用“触发—迭代—定型”的三阶段渐进式发展路径，即初期制定相对灵活的扶持政策，吸引各类市场主体参与乡村设施改造，培育乡村发展特色农产品的内生动力；在发展中期重点引导乡村业态配置模块，实现食品产业服务功能的优化重组；后期重点维护市场化运营机制，确保农产品生产设施的可持续发展。同时研究不同区域的乡村产业发展的差异，科学评估农村公共服务设施支持特色农产品发展的能力，制订相应设施配置优化方案。

（4）构建生态价值转化的复合增值路径，大力开发农业生态系统的多元价值，实现农村生态效益、经济效益与社会效益的多赢共生

积极探索农业生态要素的创新组合模式，鼓励各地发展“季节逆向开发”“昼夜错时利用”等跨时空的特色农产品经营方式，最大限度提升农业资源的利用效率。开展生态农业与乡村文化、创意设计等元素的深度融合，围绕特色农业发展产业生态的多重溢价能力。建议构建三级产业生态价值实现体系，即在基础层积极参与碳汇交易市场，通过林农权益质押、生态补偿等实现稳定的生态收益；在中间层要大力发展绿色有机农产品认证，显著提高优质农产品的附加值；在顶层探索开发沉浸式生态体验项目，将可持续发展理论深度融入农村休闲度假、康养等高端服务供给中。

（5）深入挖掘乡土文化基因，采用创新性的手段表现地域文化元素，将

独特的文化价值融入乡村产业发展全过程，打造地区特色农产品产业发展的差异化竞争优势。

将非物质文化遗产、民族民间技艺等特色文化资源深度融入省内各地的农业生产、加工、销售等环节中，开发出独具地域特色、附加值高的文化嵌入型特色农产品。建议采用“挖掘—提炼—植入”的三步发展方式：首先，深入挖掘当地乡村的特色文化，识别出代表性文化元素；其次，将这些文化元素符号化、数字化，增强后期特色农产品创新应用的灵活性；最后，向不同特色农产品的消费场景植入这些文化元素符号，拓展多元化的文化创意载体。可以重点培育三类创新型乡村文化产品：一是将文化元素与特色农产品、食品包装相结合的嵌入型文创产品；二是打造沉浸式文化体验剧场，在服务场景中提供凸显当地文化特色的农产品；三是开发特色乡村农产品的数字文化资产，借助区块链、人工智能等新技术赋能特色文化产品的交易。

3.2 打好“食品+文化”牌

3.2.1 融入非物质文化遗产元素

近年来，现代食品产业越来越多融入中华优秀传统文化元素，以美食承载地域气质、文化底蕴，推动食品与文化产业的深度融合发展。目前这种融合主要存在三种形式。在第一种形式中，食品本身就是非物质文化遗产。例如，辽宁省马家烧麦、海城牛庄馅饼、沟帮子熏鸡等均被列入省级非物质文化遗产名录。第二种形式是非遗食品加工技艺，即通过非遗传承的食品加工技术生产相关食品。比如，“辽菜传统烹饪技艺”被国务院批准为国家级非物质文化遗产，是全国各大菜系中第一个成为国家非物质文化遗产的项目。这些加工工艺需要通过技术创新来适应不断变化的市场需求，进而实现自身的可持续发展。第三种形式则是将非物质文化遗产元素融入食品形态。近年来逐渐兴起的“国潮点心”“国潮”餐饮等，就是将“国潮”元素融进糕点或菜品制作过程，使其呈现非物质文化遗产形态。例如，非遗花馍、传统民乐造型的“琵琶糕”、复古柔美的“盘纽酥”、匠心传承的“剪纸方酥”，仿古摆件造型的“翡翠白菜”等。

（1）非遗元素融入食品产业的典型经验

在食品产业发展中，以非遗技艺为核心，通过技术创新、产业融合、文化活化与品牌升级，构建“保护—传承—发展”的闭环生态，实现了文化价值与经济价值的双赢。目前，国内将非遗和食品产业融合发展的主要经验总结如下：

一是创新营销与传统工艺结合，打造现代非遗食品品牌。通过直播带货与文创包装激活非遗食品的新生命力，将传统技艺与新兴消费场景结合，实现非遗美食的现代化转型。例如，彭家老屋梅菜扣肉传承人通过直播带货和真空包装技术，将百年工艺推向全国乃至海外市场，既保留26道传统工序的匠心，又拓展了新的消费群体。宁乡四碟制作技艺传承人投资建设无菌车间，推出“爱我就要‘姜’就我”等年轻化包装，并进驻景区和电商平台，年销售额突破千万元，成为网红伴手礼。

二是依托非遗技艺推动乡村振兴，构建食品产业链协同发展格局。例如，福建省永定采善堂万应茶非遗工坊和宁德绿雪芽白茶工坊，通过“工坊+合作社+农户”模式，带动数千人就业，人均年收入近7万元。永定万应茶开发“袋泡剂”等新产品，将古法技艺与现代科技结合，形成规模化生产链。

三是非遗技艺与现代食品产业融合，推动区域经济升级。例如河北省栾城区将非遗“六味雪梨膏制作技艺”与现代食品产业结合，建立自动化生产线，实现机器人装箱和标准化贴标。山东省双塔食品则通过温控技术、菌群培养等科技创新，推动粉丝生产工艺智能化升级，并将业务扩展至豌豆蛋白、纤维等领域，形成多元化产业格局。

四是依托食品品牌与区域非物质文化遗产协同，形成非遗食品融合发展生态圈。例如成渝地区以五粮液、泸州老窖等名酒品牌为引领，通过融合酿酒技艺、酿酒习俗等非遗元素，整合川南“白酒金三角”资源，串联遂宁、宜宾、泸州等地酿酒文化，打造白酒工业旅游、酒庄体验、文物古迹展示相结合的酒文化旅游带。

（2）辽宁发展非遗特色食品产业的对策

辽宁省作为我国北方少数民族文化的重要发源地之一，具有丰富多样的非物质文化遗产资源，涵盖了文学、音乐、舞蹈、戏剧以及传统手工艺等诸多领域。目前，辽宁省拥有国家级非物质文化遗产76项，省级非物质文化遗产294项。这些文化遗产不仅是历史的见证，更是未来各类产业高质量发展的文化基石。为促进非物质文化遗产元素与地方特色食品品牌的深度融合，建议从以下几个方面着手：

• 推动非遗食品加工技术的转型升级

在传统工艺与现代技术的结合上，要注重平衡传承与创新之间的关系。一方面，相关部门应根据传统地方特色食品加工工艺的特点，引入先进的生产设备，根据市场需求不断优化工艺流程，提升辽宁地方特色食品生产的自动化与智能化水平，从而减少人工操作可能带来的质量波动和安全风险。以辽宁满族传统食品酸汤子为例，可在保留传统发酵工艺的基础上，引入智能温控技术来实时监测发酵过程中的温度、湿度等关键参数，保障产品风味的稳定性。另一方面，引导地方特色食品企业改善生产车间的布局与环境，优化物料与人员的流动路径，以提高传统食品生产的空间利用率和生产效率。例如，沈阳老龙口酒厂在改造传统酿酒车间时，将原有的木质发酵地缸与现代不锈钢设备相结合，既能保留传统工艺的文化符号，又能提升生产的卫生标准与效率。

此外，推动非遗食品发展过程中要抓住持续开展技术创新的关键环节。引导产业根据市场需求，研发体现高度保持非遗食品特色的自动化、连续化的加工设备，攻克传统工艺中的技术瓶颈，依托省内的装备制造优势实现非遗食品设备的定制化与专业化，显著提升非遗食品的加工水平与科技含量。以辽西地区的传统手工粉条为例，引导省内装备制造企业与食品企业对接，开发专用自动化生产线，将传统的手工漏粉工艺转化为先进的设备机械化操作，同时保留粉条的口感和韧性。此外，要引入信息管理系统，建立覆盖采购、生产、销售等环节的信息化平台，实现非遗食品生产数据的集成与智能分析，为工艺优化、质量控制等提供科学依据，推动辽宁非遗食品加工技艺向智能化、数字化方向发展。

• 深入挖掘非遗食品的品牌文化内涵

立足于辽宁非遗食品所蕴含的深厚文化底蕴和鲜明地域特色，深入挖掘其历史渊源、文化内涵及匠心工艺，提炼鲜明的品牌价值主张和个性化卖点，结合专业的品牌规划与设计，塑造出既具传统文化韵味又不失现代生活气息的品牌形象，从而提升非遗食品品牌的辨识度和美誉度。同时，开展对非遗食品品牌系统化管理，建立产业统一品牌标识和视觉形象，制定系统的品牌传播策略和推广方案，运用多种现代传播技术和创意手法，特别注重利用社交媒体和电商平台，将非遗元素转化为生动鲜活、易于传播的IP形象和故事内容，塑造出饶有趣味、引人入胜的非遗食品IP，增强省内外公众对辽宁非遗食品的认知和兴趣。

• 注重鼓励开展非遗食品的线上线下多渠道营销

鼓励非遗食品产业充分利用社交媒体及直播带货、电商平台等数字化工具，使用大数据分析和精准营销技术，研究非遗食品的独特性和受众特点，选择合适的平台和传播方式推出个性化的营销内容，针对精准食品目标人群开展高效转化。例如，通过KOL推荐、短视频种草、直播带货等形式，将辽宁非遗食品的文化内涵与现代消费需求相结合，提升品牌曝光率和转化率。

线下推广则要凸显辽宁非遗食品的文化属性与体验价值。在当地设置非遗食品体验店，定期举办文化展览或美食节等活动，打造沉浸式非遗食品消费场景。例如，在核心商圈、文旅景区等人流密集区域，设立集食品销售、文化展示、互动体验于一体的辽宁非遗食品体验店。采用非遗工艺展示、匠人现场制作、DIY互动等形式，让消费者亲身感受辽宁非遗食品的魅力，激发消费欲望并引发自发传播。

此外，辽宁还可以尝试将非遗食品与本地旅游资源深度融合，打造“非遗+旅游”的新型消费模式。例如，在热门旅游线路中融入非遗食品的体验环节，与景区合作推出限量版非遗食品礼盒，这样既能丰富游客旅游体验，又能为辽宁非遗食品开辟新的销售渠道。同时，针对不同消费群体设计差异化的推广策略。例如，针对年轻群体，可以通过社交媒体平台发起辽宁非遗食品文化挑战赛或互动话题，吸引更多关注；针对家庭消费者，则可以在线下体验店中设计亲子互动环节，增强消费者对辽宁非物质文化遗产的关注度。

3.2.2 凸显辽宁地方文化特色

（1）辽宁地方文化特色

辽宁地域辽阔，有着悠久的历史和丰富的文化底蕴，自然环境和人文景观交相辉映，形成了独特的地域文化和民俗风情。辽宁传统文化以辽宁地区的历史文化格局为基础，包括文物古迹、文学艺术、民俗民情、饮食文化、医药文化等多个领域。以下是辽宁传统文化的一些代表性内容：

关东文化作为辽宁地区传统文化的精髓之一，其起源可追溯至唐朝的关东节度使制度。这一文化形态涵盖了戏曲、文学、音乐、舞蹈、美术等多个领域，展现了辽宁深厚的历史积淀与多元的艺术表达。关东文化不仅是辽宁文化的重要组成部分，更是中华文化多样性的生动体现。

渤海文化则是辽宁的另一个重要文化符号。辽东半岛地处渤海核心区域，积淀了丰富的文化遗产，例如石窟、城堡和古墓等。这些遗迹不仅是历史的见证，也为研究渤海地域的政治、经济和文化提供了宝贵的实物资料。

渤海文化的独特性在于融合了中原文化与东北亚文化的特点，形成了独具一格的文化风貌。

在历史上，辽宁还扮演了丝绸之路重要节点的角色。辽宁作为古代商路的必经之地，不仅保存了大量的关城遗址，还保留了丰富的文化遗产。这些遗迹不仅见证了当地古代商贸的繁荣，也反映了辽宁在国际文化交流中的重要地位。

庙会文化在辽宁民间生活中也占据着重要地位。辽宁庙会不仅是民间信仰的集中体现，更是民俗艺术的展示平台。在庙会期间，抬花车、扛花灯等文艺活动热闹非凡，展现了辽宁人民的创造力与艺术才华。

饮食文化是辽宁文化的重要组成部分。辽菜以其独特的烹饪技艺和风味而闻名，例如大连海鲜凭借海珍品的新鲜深受喜爱，铁岭、盘锦的驴肉火烧更是地方特色美食的代表，成为辽宁文化对外交流的重要名片。

医药文化在辽宁同样也具有悠久的历史。辽宁的医药文化以养生保健为特色，是中华医药文化的重要组成部分，不仅是对传统中医的延续，更是对现代健康理念的补充与丰富。

（2）辽宁食品产业凸显地方文化特色的对策

• 将历史文化、节庆文化、民俗文化等元素融入地方特色美食，推动作坊式制作向现代工业化生产转变，打造一批辽宁地方小吃等工业化产品。其中，讲好文化食品故事是关键。一方面，相关部门及企业要深入挖掘文化背后的历史渊源、文化内涵和匠心工艺，梳理提炼出生动鲜活、引人入胜的品牌故事和传承故事，建立与食品的联系。例如，围绕文化的起源发展、技艺特色、传承人物等核心元素，构建故事框架和叙事脉络，穿插相关食品的制作与功效，增强文化与食品的关联。充分利用辽宁丰富的历史文化资源，开发具有地方文化象征的食品，如辽宁特色的辽菜系列，包括盘锦的腌制菜品、锦州的滋补汤品等。结合地方传统节日如辽宁盛京皇城文化节，开发节日特供产品，通过包装与营销传播辽宁的历史故事和文化价值。以系统观念统筹谋划食品工业和文旅产业的深度融合，依托辽宁美食资源、文化资源和旅游资源，一体化打造“食在辽宁”“文化辽宁”“大美辽宁”文旅项目。

• 鼓励食品行业不断创新辽宁食品文化故事的传播形式和渠道，综合运用短视频、社交媒体、微电影等多种形式，生动展现辽宁文化融合食品的魅力和情感温度，吸引消费者的关注。例如，制作内容精良的文化美食纪录片，精准呈现辽宁文化融合食品的历史底蕴、技艺精华、传承故事，引发消费者的文化共鸣。此外，相关企业要注重故事与产品、体验的有机融合，通过产品包装、店铺陈列、互动项目等多种形式，将历史文化故事融入食品消费场景和体验过程，引导消费者在潜移默化中了解彰显辽宁文化特色的食品，激发其购买欲望。设计规划“红色文化”“工业遗址文化”“海洋文化”“非物质文化遗产”“山岳文化”“考古文化”“乡村特色文化”等多主题文旅路线，将当地美食及文创相结合，通过系统集成文化旅游、生态人居、康居康养产业，聚焦做好辽宁“土特产”大文章，深度开发乡土资源，突出地域特色，一地一品构建围绕“衣食住用行”一体化开发乡土文化旅游服饰、特色工艺文创产品等，共同服务打造“食、健、游、购、居”集成式深度消费新模式新业态，吸引省外游客到辽宁消费，为本地食品企业拓宽市场，促使食品企业主动扩大规模，也为培育新型食品企业奠定市场基础。

3.3 打好“食品+旅游”牌

3.3.1 发展美食特色文旅产业

(1) 国内融合发展食品与旅游的经验

• 以美食为媒介，打造城市文旅新名片

国内许多地方将特色美食作为城市名片，经过系统打造和推广，吸引了国内外大批游客，进而带动旅游及食品工业的发展。首先，深入挖掘美食文化，讲好地方故事是实现融合发展的前提。要关注地方美食背后的历史、文化和民俗内涵，借此赋予美食更深层次的内涵。例如，柳州通过挖掘螺蛳粉的历史渊源和文化典故，成功吸引了大批游客；重庆通过“渝味360碗”项目，系统梳理地方美食文化，形成了独特的品牌效应。其次，打造地方特色美食IP，形成品牌效应。通过统一的品牌形象、宣传语和文化活动，将地方美食转化为具有辨识度和影响力的IP。例如，重庆的“渝味360碗”和淄博的“烤炉+小饼+蘸料”概念，都是成功的美食IP化案例。最后，加大线上线下联合推广的力度，扩大美食IP的传播范围和影响力。充分利用社交媒体、电商平台等线上渠道，结合美食节、旅游线路等线下活动，形成多渠道、多形式的宣传矩阵。例如，重庆通过“前期曝光+主流推介”和“网络平台+社交矩阵”相结合的方式，显著提升了“渝味360碗”的知名度；淄博则通过新闻发布会和烧烤大赛等活动，为地方美食成功造势。

• 以旅游为载体，拓展美食消费场景

通过深度融合美食与旅游产业，创造更多跨界消费场景。首先，将美食体验融入旅游线路，设计以美食为主题的旅游产品，吸引游客深度体验地方美食文化。例如，重庆推出的“渝味360碗”品鉴路线和柳州打造的“螺蛳粉+”工业旅游精品路线，都是将美食与旅游结合的成功案例。其次，建设美食博物馆和美食街区，为游客提供更加丰富立体的美食体验。例如，柳州建设的螺蛳粉饮食文化博物馆已经成为当地的热门旅游目的地。此外，通过举办美食节、美食展等活动，营造浓厚的旅行特色食品消费氛围，也是吸引游客的重要手段。

• 以规范服务为支撑，提升游客满意度

通过制定文旅食品相关的行业标准，打造便利的文旅环境，有效提升文旅和食品企业的服务质量，保障游客的消费权益。例如，柳州发布的《柳州螺蛳粉文化旅游服务规范》地方标准，为行业提供了明确的指导；淄博则通过加强监管力度，规范市场秩序，通过完善交通、住宿、停车等配套设施，以及安排志愿者等增值服务，显著提升了游客的旅游便利性；柳州在节假日期间设立志愿者服务岗，开通了公交专线，也取得了良好的效果。此外，政府要加强食品安全、治安、消防等方面的联合监管，保障游客的人身和财产安全，这也是营造良好文旅环境的关键。例如，淄博通过加强治安巡逻、开展食品快检、加强消防安全监管等措施，有效提升了游客的满意度。

• 政府、协会、企业协同合作，形成发展合力

首先，政府在文旅与食品方面提供政策、规划和资金等方面的支持，为产业发展创造良好的环境。例如，淄博市政府通过举办新闻发布会、成立烧烤协会、出台相关政策等方式，大力支持烧烤产业的发展。其次，充分发挥行业协会在规范行业行为、搭建交流合作平台方面的重要作用。例如，淄博成立的烧烤协会，不仅规范了企业经营行为，还组织了多项活动，促进了企业之间的合作与发展。最后，推动企业积极参与文旅融合食品产业的发展，通过产品创新、业态创新和营销创新，为美食文旅产业注入新的活力。

（2）辽宁融合发展食品与旅游的对策

综合以上典型案例可知，打造特色美食文旅产业，不仅能有效促进食品与文旅产业融合发展，还能带动产业链上下游协同发展与城市配套设施建设。总结以上经验，可从以下几方面推动辽宁省特色美食文旅产业发展：

• 利用新媒体迅速扩大影响力

在现代城市形象传播中，新媒体成为打造城市IP的“新引擎”。例如，淄博烧烤成名之路离不开新媒体的作用。梳理淄博烧烤的出圈脉络，不难发现，社交平台裂变式的传播起到极大的推动作用。淄博烧烤之外，无汉服不洛阳、潍坊风筝飞满天、云南泼水节迎八方客、蚌埠抓住电视剧《长月烬明》热度出圈，都走出了一条特色发展之路。辽宁应积极借鉴各地先进经验，利用新媒体营销讲好辽宁美食故事，拓展市场，打破线下营销的时空局限，以提高产品的销售量，获得更大发展。

• 打造特色品牌突出地方优势

产业发展要有一定的特色，淄博烧烤的走红，很大程度上取决于其方式新颖、口味独特。辽宁省特色资源丰富，现有知名农产品品牌323个、农产品地理标志100个、全省农产品区域公用品牌64个、绿色食品产品1 083个、有机农产品88个。应着力扶持头部企业增品种、提品质、创品牌。鼓励企业成立品牌管理中心，强化对品牌的监管和保护。鼓励企业利用国内涌现出的多方位、多层次、创新型的品牌运营平台，开展品牌研究、品牌设计、品牌定位和品牌推广。

• 建立辽菜质量标准体系

习近平总书记在参加十四届全国人大一次会议江苏代表团审议时强调：“必须更好统筹质的有效提升和量的合理增长，始终坚持质量第一、效益优先，大力增强质量意识，视质量为生命，以高质量为追求。”火爆的淄博烧烤美食背后，离不开市场监管部门的长期治理。辽宁应在继承传统工艺的基础上充分吸收现代食品加工技术，加快构建辽菜质量标准体系，重点围绕原料采购、食品加工、餐饮服务等关键环节制定精细化、操作性强的地方标准，为辽菜质量提升提供标准支撑。

• 综合考量城市旅游承载力，提升餐饮服务细节，展现人文关怀

要将发展特色美食旅游纳入辽宁各城市旅游发展总体规划，统筹考虑城市资源环境承载力、设施供给能力、社会经济承载力等因素，科学测算城市旅游承载上限，合理规划布局特色美食集聚区，确定特色美食旅游发展目标定位和规模，防止过度开发。应注重城市文旅融合美食服务的细节，让消费者深切体会到辽宁省建设特色美食文旅产业的诚意，通过提供优质的服务来提高消费者的满意度和忠诚度。

• 培育文旅融合食品的消费习惯

在旅游景区规划建设餐饮体验馆、美食文化展览馆，让消费者近距离感受辽宁饮食文化的独特魅力，例如在盘锦红海滩、大连滨海等景区设立“辽

宁味道体验馆”，展示地方特色食品。结合文旅资源打造“辽宁美食文旅路线”，推动文旅融合发展。引导省内食品企业加强与在线旅游平台合作，将特色美食与旅游线路、酒店、景区门票等捆绑销售，实现线上一站式消费。支持特色美食企业、文创企业与省内艺术设计优势学科高校（例如大连工业大学）开展合作，开发美食主题文创产品，例如美食伴手礼、烹饪书籍、餐具茶具等，延伸美食消费链条。

3.3.2 不同文旅消费场景下定制化美食产品

在文旅融合的发展背景下，打造与特定旅行消费场景相匹配的定制化美食产品，将地方特色文化、旅游资源与美食进行有机结合，创造出更具吸引力和附加值的消费体验，有效促进辽宁食品产业的创新升级。在消费场景打造方面，建议采取如下举措：

（1）科学规划布局，构建多元化文旅消费场景

辽宁拥有丰富的自然风光、悠久的历史文化和独具特色的民俗风情，这些都是构建文旅消费场景的重要资源。要立足辽宁文旅资源禀赋系统梳理特色文旅消费场景类型，科学编制全省文旅消费场景发展指南，明确总体发展目标、空间布局、重点项目等，为全省文旅消费场景建设提供顶层设计。各地要因地制宜编制本地区文旅消费场景建设规划，突出地域特色和比较优势，实现错位发展。

（2）打造海滨度假休闲消费场景，彰显海洋美食魅力

依托辽宁丰富的海岸线资源，重点打造大连、丹东、营口等沿海城市海滨度假休闲美食消费场景。规划建设一批海滨特色美食街区、海鲜美食城等美食集聚区，引进国内外知名餐饮品牌，开发融合海洋文化元素的地方特色菜品，满足省内外游客品尝海鲜美味、体验海滨风情的消费需求。同时建设海滨休闲步道、游轮码头等配套设施，开发海上观光、海钓体验等特色项目，为游客提供集餐饮、休闲、娱乐等于一体的海滨度假美食消

费体验。

（3）打造乡村休闲度假消费场景，放大乡村旅游美食活力

顺应乡村旅游消费升温的趋势，重点打造本溪、阜新、朝阳等地乡村休闲度假美食消费场景。支持有条件的乡村规划建设特色美食小镇，加强田园景观、民宿客栈等配套设施的投资建设力度，开发以农家乐为特色的乡村美食产业。积极建设农事体验、田园采摘等特色项目，让游客在品尝农家美食的同时，体验辽宁乡村慢生活的闲适。建议政府举办辽宁乡村美食文化节，宣传推介富有辽宁特色的农家美食，展现辽宁乡村文化魅力。

（4）打造工业旅游体验消费场景，展现工业力量融合美食的魅力

充分开发鞍山、抚顺、本溪等工业城市资源，创新打造工业旅游体验美食消费的场景。支持老工业区、废弃厂房升级改造，引进凸显老工业基地历史特色的美食、文创、康养等业态，打造集餐饮、购物、文化、旅游等多功能于一体的工业风情特色街区。在钢铁、煤炭、机械等工业遗址公园、博物馆等建设工业美食主题餐厅，开发融合工业元素的网红打卡美食，为游客提供沉浸式的工业餐饮体验。举办工业美食文化节，讲述城市工业发展历程，展现工业文明魅力。

（5）打造历史文化体验消费场景，将城市文化故事融汇在特色美食中

深入挖掘沈阳、辽阳、铁岭等历史文化名城资源，打造历史文化体验美食的新型消费场景。在历史文化街区、古建筑群等区域布局辽宁特色美食街区，同步加强古建筑修缮、环境整治等工作，营造古色古香的历史文化消费氛围。引进辽宁老字号、名小吃等历史文化美食店，开发融合辽宁各地市历史文化元素和地方特色的主题菜品，为游客提供一站式辽宁传统特色美食的沉浸式体验。

3.4 打好“食品+金融”牌

3.4.1 金融创新助力食品产业升级

（1）金融对食品产业的推动作用

在食品产业高质量发展的过程中，金融支持发挥着重要作用。首先，食品工业领域的技术研发需要投入大量的资金，例如企业研发新产品、新配方、新工艺都离不开大量的资金投入，此外食品企业在生产设备、仓储物流等方面也需要大量资金支持。金融机构可通过向食品企业提供贷款、发行债券或股权融资等方式，解决食品企业资金短缺问题，促进食品产业技术创新；政府可以设立食品产业技术创新基金，吸引更多社会资本支持食品产业技术创新，以增强食品产业创新能力。其次，金融机构要根据食品产业转型需求，提供更多具有针对性的金融产品与金融服务，例如提供技术研发贷款、创新项目评估服务、知识产权保护等金融产品和服务，降低食品产业在技术创新过程中的风险和成本；也可以设立风险投资基金，为食品产业提供风险投资和股权投资等金融支持，不断提高食品产业生产的抗风险能力。

（2）辽宁食品产业的金融支持对策

辽宁应充分发挥金融的支持引导作用，构建适应省内食品产业发展需求的多元化、多层次、多渠道的现代金融服务体系，更好发挥政府作用，营造规范、透明、开放、有活力的食品金融发展环境，助推食品产业转型升级。具体金融支持对策如下：

• 加强金融机构与食品企业的对接合作

鼓励银行、证券、保险、信托等金融机构加大对辽宁食品产业的信贷支持力度，支持金融机构创新金融产品和服务模式，为食品企业提供个性化、差异化的金融服务方案。引导金融机构通过股权投资、债权融资等方式，与食品企业建立长期战略合作伙伴关系，为食品企业提供全生命周期的金融服务。

• 发展食品产业链金融服务模式

根据辽宁食品产业链条的发展基础，鼓励金融机构开发适合产业链上下游企业的金融产品，提供全链条、全流程的系统化金融服务。引导金融机构与龙头食品企业开展合作，提供以龙头企业的信用为基础，为上游农户、中小企业提供产业链信贷支持。针对省内重点食品产业链，探索建立“1+N”金融服务机制，即由1家链长银行和N家协办银行协同提供融资服务，及时满足食品产业链上各方的融资需求。鼓励金融机构为辽宁省食品产业园区提供“整园授信”融资服务，对园区内符合准入条件的企业和项目予以批量化授信。探索供应链金融、物流金融等新型服务模式在辽宁食品产业中的落地应用，盘活省内食品企业存货、仓单等资产。

• 加快发展食品产业风险投资基金

加快设立政府引导、市场化运作的食品产业风险投资基金，重点支持初创期、成长期的科技型食品企业的融资需求。鼓励社会资本、产业资本等发起设立食品产业投资基金，引导更多社会资本进入食品领域。支持有条件的食品企业、食品产业园区发起设立风险投资基金，助力省内科研机构的食品科技成果在本省落地转化。加强与国家、省级相关基金的合作对接，引导更多省外资源投向辽宁食品产业。

• 支持食品企业利用多层次资本市场融资

鼓励食品企业根据自身特点和发展阶段，选择在主板、中小板、创业板、新三板等资本市场上市融资。支持优质食品企业发行公司债券，符合条件的食品企业发行资产支持证券，盘活存量资产并促进转型升级。加强食品企业上市培育和辅导工作，提高企业上市准备期间的规范运作和信息披露水平。鼓励我省上市食品企业通过并购重组做大做强，进一步提高食品产业的集中度。

• 创新食品质量安全金融保险产品

鼓励省内保险机构开发食品质量安全责任险、产品质量保证保险、食品召回保险等保险产品，为食品企业分担质量安全风险。支持保险机构与金融机构合作，将食品质量安全责任险作为信贷审批的重要参考，激励食品企业提升质量安全管理水平。鼓励保险机构开发食品仓储、物流、冷链等专属保险产品，提高食品供应链风险管理水平。

3.4.2 构建食品产业金融生态

为了有效解决食品产业面临的融资渠道单一、融资成本高等问题，需要构建多元化、多层次的食品产业金融生态体系，构建有效的产融对接机制，创新食品产业的金融产品和服务模式，进一步提升金融服务食品产业发展的能力和水平。建议从以下几个方面开展工作：

（1）构建食品产业金融服务联盟

建议由政府牵头组建多方主体参与的食品产业金融服务联盟，该联盟可以由金融机构、食品企业、行业协会、高校研究机构等多方主体组成，搭建金融资源与产业需求精准对接交流平台。借助该平台鼓励金融机构与食品龙头企业、食品产业园区建立战略合作关系，创新“链主+金融”“园区+金融”模式，提供个性化、综合化金融服务。

（2）建立食品产业金融风险防控机制

食品产业受自然灾害、市场波动等风险因素影响较大，为该产业提供金融服务将面临较大风险。因此要完善食品产业金融风险分担和补偿机制，通过政府搭建融资增信平台，为食品产业提供风险补偿资金，降低金融机构为食品产业提供融资服务的后顾之忧。同时要建立健全食品企业信用评价体系，引导金融资源向信用良好的食品企业倾斜。

(3) 强化食品金融科技赋能

鼓励金融机构与科技企业合作开发食品产业特色数据模型和风控模型，提高食品产业信贷审批的精准度。推动食品企业开展工业互联网改造，利用供应链金融、信用贷款等模式盘活应收账款、存货等资产，特别是利用数据资产来拓宽自身的融资渠道。支持有条件的省内地市建设食品金融科技试验区，先行先试金融科技在食品产业中的创新应用。

(4) 发挥政策性金融对食品产业发展的引领作用

充分发挥农业发展银行、国家开发银行等政策性银行的引导作用，加大对辽宁食品产业的信贷支持力度。鼓励政策性银行设立食品产业发展专项贷款，对农产品精深加工、绿色食品、食品质量安全追溯平台建设等重点领域给予贷款利率优惠。支持政策性银行与商业银行开展银团贷款、转贷款等业务合作，吸引更多金融资源投向省内食品产业。发挥好现有财政资金的引导作用，发展省级涉农产业发展基金、现代农业产业技术体系建设专项资金等，重点支持辽宁农产品加工关键技术研发、成果本地转化和推广应用等。

(5) 强化食品产业融资的配套政策支持

强化对省内食品企业融资的配套政策支持，降低企业的融资成本。实施食品小微企业、“三农”融资担保降费奖补政策，引导政府性融资担保机构降低企业的担保费率，鼓励开展“见贷即担”“见担即贷”批量担保业务合作，在提高担保效率的同时极大降低食品企业的融资门槛。搭建食品及农产品加工产业企业发债对接机制，支持符合条件的食品企业通过发行债券进行融资。组织金融机构开发“收购贷”产品，支持食品加工企业采购季节性农产品原料。鼓励金融租赁公司通过售后回租、直租、经营性租赁等方式帮助食品企业盘活存量资产，支持食品企业利用融资租赁开展设备更新改造。

4
乘势而上打造食品工业高质量发展多维体系

4.1 完善电子商务和物流配送体系

4.1.1 优化食品企业与在线购物平台和物流的接口

构建食品产业与在线购物平台与物流的数据接口，是提升辽宁食品产业数字化水平、增强市场竞争力的关键举措。通过优化技术整合、系统对接、智能化管理、全程监控和用户反馈等环节，实现食品从生产到消费全过程的高效、透明和安全，精准满足辽宁食品消费者的新型需求。

（1）构建辽宁省食品企业与电商平台、物流服务商的数据接口

实现食品生产企业与在线购物平台以及物流服务提供商之间的技术协同非常重要，为此需要在数据API技术层面建立紧密的合作关系，积极整合各方的信息流、物流和资金流。

通过开发适配利益相关各方的API接口，将食品企业的ERP系统与电商平台、物流系统无缝对接，实时同步食品产品的关键数据，实现辽宁省食品供应链的透明化管理。这些关键数据包括但不限于产品品名、规格、配料、营养成分、生产日期、保质期、贮藏条件以及生产许可证号等。根据辽宁省食品行业的实际情况，设计的API接口要特别关注食品安全相关数据的共享，例如冷链食品的温度监控数据以及特殊食品的追溯信息等。

引导辽宁省的食品企业与电商平台及物流服务商开展战略合作，各方为食品流通制订详细的技术对接方案。这一方案的目的在于确保各系统之间的数据格式和传输协议不仅符合辽宁省食品行业的现实情况，同时也要满足国家关于食品安全数据交换的相关规范，有效避免因数据格式不兼容而导致的信息错误，从而保障辽宁省食品追溯和管理的准确性。尽管技术对接方案要确保技术标准的统一，但在实际操作中可能会遇到一些不可预见的挑战，需

要各方在合作中保持一定的灵活性。

在全行业数据接口上线运行后，辽宁省食品行业还需建立一套完善的运维机制，实时监控API接口的运行状态，特别要关注食品安全相关数据的传输情况，确保辽宁省食品供应链信息的准确性和及时性。通过对关键数据的重点监控，各方可以及时发现并解决食品生产、流通中存在的各种潜在问题。

（2）打造辽宁食品产业数字化供应链管理平台，提升供应链各方的数据接口效率

建议依托物联网和大数据技术，在省内食品行业建立统一的数字化供应链管理平台，通过整合食品企业、物流公司、电商平台以及监管部门等各方资源，特别是与各食品企业的ERP系统、在线购物平台以及第三方物流系统实现无缝对接，实现省内食品产业从生产到消费的全链条数据的高度共享，确保食品订单信息、库存数据、运输状态、食品安全追溯信息等关键数据的实时同步和透明化管理，使得供应链上各主体能够依托平台协同开展生产计划、库存管理、订单处理、物流配送等业务，显著提高食品供应链各环节的协同效率，同时有助于消费者通过平台实时掌握订单的配送进度和食品的运输环境。建议政府出台引导政策吸引金融机构、风险投资机构等社会资本投入食品产业数字化供应链平台的建设，将政府公共资源如大数据、物流网络、基础设施等引入到数字化供应链平台，在降低平台建设的整体成本的同时，显著提升平台的数字服务能力。

（3）构建辽宁食品供应链标准数据库，规范食品供应链管理中的关键数据标准

由于食品供应链涉及众多主体，目前各主体所使用的数据标准存在较大差异，非常容易出现彼此间数据不兼容、信息传递失真等问题。建议成立辽宁食品供应链标准化工作团队，通过政产学研合作系统梳理辽宁食品供应链各环节的业务流程和数据需求，据此制定全省统一的食品供应链数据标准体

系，涵盖食品供应链过程中的各类信息，包括食品属性、物流单证、质量追溯等各类数据。在充分考虑与国际、国家标准衔接的基础上，保持省内标准具备一定的兼容性和扩展性，同时要兼顾食品行业数字化发展的新趋势，如智能包装、自动化仓储等新技术、新应用对数据标准提出的新要求。支持省内食品行业牵头建立食品供应链标准数据库，将各类标准化数据集中存储、管理，并以API接口、数据服务等形式向各相关方开放共享。省内食品企业、在线购物平台、物流服务商等经过授权后，都可以直接调用标准数据库中的数据协议、接口规范开展系统对接，同时要定期评估数据标准的适用性，并根据新的业务和技术需求持续迭代优化数据标准。

4.1.2 提升物流配送效率与配送范围

（1）优化食品物流网络布局，构建高效食品流通体系

建议辽宁省根据不同类型食品的流通需求，在不同区域构建多层次的物流节点体系。在重点城市和消费集中区域建设现代化、多温区的食品物流中心，配备各类专业的冷藏、冷冻设备，满足不同温区食品的存储和转运需求。而在县乡等相对不发达地区，根据当地特色农产品的发展实际情况，建立规模适宜、功能完善的配送节点。

此外，辽宁省还应积极探索创新模式，解决社区食品配送“最后一公里”的难题。例如，在社区、商业中心等区域，设立具有温控功能的生鲜食品的自提柜或者社区配送点，方便周边社区消费者就近按需取货，减少配送过程中食品的二次污染风险。针对一些特殊食品，如活海鲜等，推动企业与本地商超、餐饮企业合作，建立“线上下单、门店自提”的模式，缩短配送时间并保障食品品质。

（2）推动食品物流与互联网技术深度融合，全面提升食品配送的智能化、精细化水平

鼓励省内食品企业与互联网平台开展深度合作，依托大数据、人工智能

等新兴技术优化食品配送路径和调度程序。支持省内食品物流企业加快数字化转型升级，积极利用移动互联网、物联网技术构建食品全产业链追溯体系。大力推动省内食品行业在食品包装上嵌入二维码、RFID等电子标签，消费者通过扫描食品包装上的二维码，就能获知食品的详细信息。同时要加强食品物流领域的信息基础设施建设，加快5G、北斗导航等新型基础设施在省内食品物流行业的部署应用，为食品配送车辆、自提柜等装备智能化改造提供网络支撑。支持省内食品物流企业开展工业互联网改造，利用云计算、人工智能大模型等技术提升物流信息系统的计算和存储能力，实现省内外食品配送全流程的智慧化管理。

（3）强化产业链主体间的协同合作，构建食品物流生态圈

构建食品物流生态圈有利于整合产业链上下游资源，实现信息共享、资源优化配置和协同运营，进而提升整体食品物流效率。建议省内食品行业打造一个覆盖食品产业链全流程的信息共享平台，吸纳食品生产企业、加工企业、仓储企业、物流企业、销售企业等产业链主体，依托该平台组建食品物流联盟，通过共享物流资源和数据来形成高效协同的配送体系。同时，推动食品产业链主体与省内食品学科相关高校、科研机构的战略合作，重点围绕冷链物流、智能仓储、无人配送等前沿技术，开展食品物流技术的联合科技研发，建立产学研合作成果转化机制，推动研发成果在食品物流领域的落地应用。

建议政府制定食品物流生态圈建设的专项扶持政策，鼓励产业链主体参与生态圈建设。选择一批具有代表性产业合作的食品物流项目作为示范项目给予重点支持，通过总结示范项目的成功经验，在省内推广食品物流生态圈的建设模式。

（4）加强物流基础设施建设，夯实食品流通基础

建议辽宁省加大对食品物流基础设施的建设力度，重点建设现代化、多温区的食品物流园区、冷链物流中心以及智能仓储设施，满足未来食品行业

对温控、时效和安全的更高要求，在大连、沈阳、营口等主要食品生产消费城市建设区域性冷链物流中心，在这些主要物流节点建设自动化立体仓库，系统提升省内物流系统的整体承载能力和服务效率。此外，要持续完善省内道路交通网络，利用辽宁省的港口优势推动食品的海陆空多式联运的发展，开通铁路冷链专列来连接主要食品生产区和消费区，在主要城市建设物流专用通道，减少物流车辆在市区内的通行限制。特别要加强农村和偏远地区的交通基础设施建设，修建和改造农村公路，打通食品流通的“最后一公里”。

4.1.3 应用智能物流技术提高配送精确度

（1）实施全程监控技术，保障食品运输过程安全

引导辽宁食品行业在运输过程中使用温湿度传感器、GPS、光照传感器等物联网设备，特别是对于冷链食品、生鲜食品等对运输环境要求较高的食品，记录运输轨迹、温度、湿度、光照等关键数据，实时监控食品运输环境，确保食品在运输过程中符合质量安全标准，防止因运输环境不当导致的食品安全问题，为辽宁省食品行业的物流管理提供更加科学的技术支持。

鼓励辽宁食品行业采用区块链技术建立覆盖食品生产、加工、流通、销售等环节的全程追溯系统，记录食品的生产源头、加工过程、流通环节到最终消费者的全过程信息，实现食品来源可查、去向可追、责任可究，增强消费者对辽宁食品品质的信任度。一旦发现某环节中存在食品安全问题，可以迅速定位和召回问题产品，最大限度地保障消费者的权益。

支持辽宁食品行业建立食品供应链各环节的数据共享机制，利用大数据技术分析和共享食品生产企业的生产数据、检测机构的检测数据、物流企业的运输数据、销售平台的销售数据等，根据分析结果便于产业链各主体优化食品库存管理和配送路径，指导食品生产企业合理安排生产和库存，进而提升辽宁省食品行业的整体竞争力。

（2）应用智能仓储管理系统（WMS）和智能调度系统，实现食品库存精准管理

为了确保食品在储存过程中符合相应的质量安全标准，建议推广应用WMS系统结合物联网设备（如RFID、温湿度传感器、智能货架等），实时监控仓库内的温湿度、光照等环境参数，实现食品仓库的自动化管理。支持辽宁省食品企业采用WMS系统自动记录每一件食品的入库、出库等信息，精确管理食品的批次和保质期，实现食品库存的精细化管理。智能仓储管理系统还可以根据订单需求，结合食品的特性（如易碎、易腐等），自动生成最优化拣货清单和包装方案，指导仓库人员或自动化设备快速、准确地完成拣货、包装和发货操作，提高订单处理的准确性和效率，同时最大限度地减少食品在仓储环节的损耗。

此外，在辽宁食品行业推广智能调度系统，保障食品配送中的新鲜度和品质，为食品消费者提供更加优质的服务体验。企业能够根据订单信息和食品特性，自动生成最优配送路线，同时采用无人机、自动驾驶配送车等先进技术，提升食品配送速度和准确性。

（3）应用智能调度系统，优化食品配送路径和资源

推动省内食品行业利用大数据和AI算法构建智能调度系统，利用交通状况、订单量、配送时效、食品的特性（如冷链运输要求、保质期等）等历史数据进行模型训练，建立能够精准预测配送需求和配送瓶颈的大数据模型，智能规划每一单配送的最佳时间、路径和方式，实时优化配送路线和车辆调度方案，最大限度地保障食品的品质。例如，对于冷链食品、易腐食品等需要特殊配送条件的食品，智能调度系统能够根据食品特性自动识别和制订最佳配送方案。针对配送高峰期或突发事件（如交通拥堵、恶劣天气等），智能调度系统具备灵活的应急响应机制，可以快速调整配送方案和重新规划路线、调整配送车辆或增加配送人员，最大限度地减少配送延误和资源浪费，确保食品及时送达。依托该平台，食品配送的每一个环节都可以实

现实时监控和追踪，将每一单配送状态实时向消费者和相关方展现。

（4）探索新兴技术在食品配送领域的创新应用

针对辽宁省的地理特点和食品产业特点，推进省内食品行业积极采用无人机和自动驾驶配送技术。例如，针对海鲜等易腐食品开发具备冷链功能的无人机，建立无人机冷链配送网络，利用无人机进行海岛海鲜、山区特产等食品的快速配送，确保海鲜食品在配送过程中的新鲜度。选择沈阳、大连等城市作为试点，与百度Apollo、小马智行等自动驾驶技术公司合作，开发适合城市社区配送的自动驾驶车辆，利用自动驾驶配送车进行城市社区的食品生鲜等产品的定点配送，解决传统配送方式难以满足消费者配送效率和灵活性等要求的问题。

4.2 基于多元消费场景建立营销、包装、设计一体化方案

4.2.1 研究消费者行为与市场趋势

在辽宁省食品工业的发展过程中，要深入研究省内外食品消费者行为和消费趋势，引导食品行业提升分析市场策略的能力和水平。以下是具体的发展策略：

（1）推动各方在省内食品消费行为研究领域的战略合作

• 鼓励食品行业采用大数据技术，分析食品消费者行为

政府要支持省内食品企业与国内知名电商平台、社交媒体以及移动应用建立数据共享战略合作关系，收集消费者对省内食品的购买记录、浏览习惯和评价反馈等多维度数据。推动省内具有食品大数据分析学科优势的高校和科研机构与省内食品企业对接合作，共同对这些食品消费数据进行深度分析，深入揭示消费者的购买动机、偏好以及行为模式。例如，通过分析不同

季节或节假日消费者购买辽宁食品的趋势，更好地理解他们对辽宁食品种类或品牌的偏好，从而为省内食品企业制定精准的营销策略提供依据。

• 助推辽宁食品行业定期开展深度消费者调研与满意度调查

推动省内高校和科研机构与省内食品行业形成市场研究的战略合作关系，可以采用“揭榜挂帅”等形式定期发布针对辽宁食品产业的市场研究项目，在政产学研合作的基础上以科研项目为依托，深入了解消费者对辽宁食品的需求、满意度以及改进建议。尤其是在省内食品新产品研发阶段，邀请目标消费者参与试用并提供反馈，为辽宁食品的省内外市场定位提供重要参考。

• 建议政府大数据平台要特别关注社交媒体和网络社区上的辽宁食品相关的舆情，为辽宁食品行业提供消费者行为的宏观分析支持

通过监测微博、微信、抖音等平台的舆情动态，帮助辽宁食品企业及时了解消费者对辽宁食品品牌和产品的评价，捕捉省内外食品市场热点。这些关于辽宁食品的舆情分析报告，有助于省内食品企业借助社交媒体开展互动营销，进一步增强辽宁食品品牌与消费者之间的黏性。

（2）持续跟踪省内外的食品市场需求变化趋势

建议辽宁省食品行业关注以下几个方面的市场发展趋势：

• 持续增长的健康食品和功能性食品需求

随着消费者健康意识的增强，低糖、低脂、高纤维等健康食品越来越受到消费者的欢迎，特别是老龄化趋势日益凸显的背景下，基数较大的老年群体对健康食品的需求也在逐渐增加。在这些趋势下，功能性食品如益生菌饮品、维生素补充剂等市场需求不断扩大，要推动省内食品企业加强健康食品和功能性食品的研发，抢抓健康食品消费趋势，及时满足省内外消费者的健康需求。

• 逐步成为市场热点的绿色有机食品消费需求

当前消费者对食品安全和环境保护的关注度在不断提高，绿色有机食

品、无公害农产品、环保食品包装等逐渐成为食品市场趋势。要推动辽宁省食品企业注重绿色生产方式，在食品源头大力推广有机农产品种养殖，生产企业要推广采用环保包装材料，将可持续发展理念深度体现在辽宁的食品生产体系中。

• 日益显著的食品个性化定制和多样化食品消费需求

随着居民生活水平的不断提高，消费者对个性化、定制化食品的需求也在日益增加。支持辽宁食品企业依托大数据技术提供定制化服务和差异化产品，以满足不同消费者的需求，例如针对不同省份的消费口味，推出限量版、特殊口味、个性包装等食品，提升辽宁食品在省外消费市场的独特性和吸引力。

• 迅速发展的线上线下融合的食品新零售模式

疫情加速了食品的线上购物和无接触配送的发展，线上线下融合的食品新零售模式已经成为消费者普遍接受的方式。因此，要鼓励辽宁食品企业加强数字化建设，积极拓展线上食品销售渠道，与线下门店形成互补，提升省外消费者购买辽宁食品的便利性。

• 市场潜力巨大的本地化和区域特色食品

辽宁省内的消费者对具有地域特色的食品、传统风味食品具有浓厚的兴趣，但是由于产品宣传不到位以及企业仅在当地发展业务的思维模式，不少省内特色食品只在本地销售，有些本地知名品牌在省内其他城市却籍籍无名。因此，建议政府要大力推动辽宁省食品企业挖掘本地特色食材和传统工艺，结合现代食品保鲜技术和现代物流体系，大力推行特色食品在省内各地的流通，进而利用省内市场培育辽宁特色食品产业。

4.2.2 创新包装设计以提升用户体验

在辽宁省食品工业的发展过程中，创新包装设计不仅能够提升用户体验，还能增强省内食品的市场竞争力，因此推动省内食品行业开展科学、环保、便捷和智能化的包装设计，能够更好地满足消费者需求，提升辽宁食品的附加值。以下是具体的开展策略：

（1）强化包装的功能性设计，确保食品安全与实用性

推动食品行业、包装行业、省内相关高校等联合制定全省食品包装设计标准，明确不同类型食品对包装材质、结构、印刷等方面的功能性要求。鼓励省内食品企业按照包装标准生产，提高食品包装的安全性、便捷性和实用性。支持省内食品学科相关高校、科研院所与包装企业合作，重点研发高阻隔、高强度、可降解等功能性包装材料，出台政策鼓励食品包装材料研发成果在省内落地，加快食品包装新材料的产业化进程，为食品企业提供优质、环保的包装材料供应链。

（2）推广食品行业采用绿色包装，提高产业可持续发展水平

推动辽宁食品行业协会制定食品绿色包装的团体标准，明确食品包装环保材料的应用要求、减量化、循环利用率等指标，据此建立绿色包装认证制度，对达标食品企业予以认证。鼓励高校、科研院所与食品企业开展合作，加强生物基材料、可降解材料等环保包装新材料的研发，为企业优先采购通过环保认证的包装材料提供补贴支持。引导食品企业优化包装设计，以减少过度包装，鼓励企业选用轻质、可循环材料来降低包装垃圾产生量。通过举办绿色包装设计大赛、宣传绿色包装理念、引导消费者选择绿色环保包装食品等多个途径，形成推广绿色包装食品的社会氛围。此外，对采用绿色包装材料、实施包装减量化的食品企业给予专项补贴，对购置环保包装生产设备、开展绿色包装研发的企业给予贷款贴息、融资担保等支持。

（3）优化食品包装的便捷性设计，提升消费者使用体验

组织行业专家、消费者代表等对省内食品包装的易开启性、重复封闭性、携带便利性等进行综合评估，在评估结果的基础上研究制定食品包装便捷性设计指南，为省内食品企业明确优化改进方向提供指导。鼓励食品企业与高校、科研院所开展食品包装人机工程学研究，建设食品包装便捷性测试实验室，为企业提供开启力测试、密封性测试等技术服务，利用人机工效学

原理优化食品包装结构、尺寸和材质，引导食品企业采用易撕贴、自封口等便捷开启包装技术，方便消费者快速取用食品。制定全省统一的食品包装标识规范，对开启方式、使用方法等内容进行规范设计，以提高消费者识别便捷性。

（4）探索食品智能化包装，引领未来食品产业发展方向

编制辽宁省智能包装产业发展规划，研究制定智能包装技术标准和应用规范，成立智能包装产业联盟，推动规划和标准的落地实施。支持高校、科研院所与食品企业合作，研发温湿度传感、气体检测等智能感知技术，将语音交互、AR展示等人机交互技术应用到食品包装上，利用大数据、区块链溯源等智能决策技术提升智能包装的技术水平。遴选一批基础条件好、发展潜力大的食品龙头企业，支持其开展智能包装应用示范。鼓励示范企业采用二维码、NFC等智能标签，应用智能传感技术，开发具有食品保鲜、环境监测等功能的智能包装产品，建设智能包装管理系统，实现食品信息化管理和质量追溯。

（5）打造食品包装的视觉吸引力，提升省内食品品牌价值

支持高校、设计机构开展食品包装视觉设计研究，将辽宁地域文化、民俗风情等特色元素创新性地融入食品包装设计。鼓励食品企业与文创机构合作，开发具有辽宁特色的食品包装图案、吉祥物等视觉符号，彰显辽宁食品的文化内涵，提升食品包装的审美价值和品牌溢价能力。引导食品企业将包装视觉设计作为树立品牌形象的重要抓手，支持有实力的省内食品企业建设设计中心。整合全省各地食品包装设计资源，建立涵盖特色图案、创意素材、优秀案例等内容的辽宁食品包装设计数据库，为企业、高校、设计机构提供包装设计素材。通过官方网站、微信公众号、短视频等渠道广泛宣传辽宁特色食品包装设计成果，在机场、车站、商超等公共场所投放食品包装创意广告，提高食品包装创意方案和相应品牌的曝光率。

4.2.3 整合营销资源实现品牌价值最大化

整合营销资源、提升品牌价值是实现辽宁省食品产业升级和提升市场竞争力的关键路径之一，通过明确品牌定位、构建全域营销生态圈以及整合线上线下资源，可以有效推动辽宁食品品牌的整体形象。以下从三个方面提出具体对策：

（1）明确品牌定位，奠定整合营销基础

引导食品行业深入分析省内外食品市场的竞争格局、消费者偏好等，运用大数据、人工智能等技术识别目标消费群体，鼓励食品企业从产品属性、目标消费者、核心价值主张等方面塑造差异化的品牌形象，因地制宜确定食品企业的品牌定位。加强对辽宁特色食品地理标志的认定和保护，打造“绿色、健康、养生”区域公用品牌整体形象，将品牌建设作为食品产业扶持政策的重要内容之一，引导资源要素向优质品牌企业集聚，为整合营销资源打下基础。

（2）打造全域食品营销生态圈，实现省内食品品牌价值最大化

推动辽宁食品行业制定全域营销生态圈的发展规划和行动方案，为产业链各方参与营销协同提供行动指南。构建食品产业链上下游企业建立战略合作关系，实现从农业生产到食品加工、物流配送、终端销售的无缝对接。建立辽宁食品产业的产销信息对称机制和食品营销资源共享平台，整合辽宁食品产业链各主体的营销资源，采用集中发布信息、供需实时对接、资源优化配置等方式，推动食品供需精准匹配。促进食品产业与文化、旅游、体育等行业跨界营销资源整合，支持食品企业与省内旅游景区等文旅单位联合开发特色食品伴手礼。

（3）整合线上线下营销资源，扩大省外食品市场推广效果

通过统一视觉形象设计来突出辽宁食品的整体特色，整合辽宁食品的线上营销资源，在京东等知名电商平台打造“辽宁食品馆”等线上品牌集群，

联合电商平台开展“辽宁特色美食节”等线上主题营销活动。明确线上营销与线下推广的侧重点和协同机制，推动线上食品品牌集群与线下实体渠道的联动营销，支持线上品牌与线下省外知名商超、大型卖场开展联合促销活动，通过包装二维码、促销海报等方式引导消费者关注线上平台的辽宁食品促销专题活动。在省外目标市场举办辽宁食品文化节、美食体验展等活动，在人流密集的商圈、车站等设立辽宁特色食品体验店，增强省外消费者对辽宁食品的了解。

4.3 以大数据驱动食品加工产业智能化转型

4.3.1 建立大数据分析和应用平台

（1）构建统一的食品行业数据采集体系，夯实全产业链发展的数据基础

推动省内食品行业在食品生产、加工环节部署传感器、物联网设备、自动化控制系统，实时采集食品生产过程中的关键参数，例如：温度、湿度、压力、流量、pH值等，以及食品的理化指标、微生物指标等质量安全数据。针对辽宁特色食品产业，例如海产品加工，可以重点采集水质、养殖环境、捕捞时间等数据；针对水果种植，可以采集土壤墒情、气象数据、农药使用情况等数据，确保数据采集的全面性、准确性和实时性。

引导食品企业与物流企业、电商平台、零售终端等合作，整合食品运输轨迹、温湿度记录、配送时间等流通数据，以及销售量、消费者偏好、评价反馈等消费数据，构建覆盖食品从生产到消费全过程的数据链条。

根据辽宁食品行业的发展特点，参考相关的国际标准体系，以及国家食品安全数据交换标准等，引导产学研合作，制定统一的食品产业链数据采集标准、数据交换协议和数据接口规范，确保不同来源、不同类型的数据能够

为产业链有效整合和共享，为后续的产业链数据分析和应用奠定基础。

（2）构建高效的食品大数据存储和处理平台，为食品产业链数字化转型提供技术支撑

推动省内食品产业链采用云计算技术、分布式存储技术等，例如Hadoop、Spark等，构建弹性可扩展的食品大数据存储和计算平台，实现食品数据的快速存取、高效处理和并行计算，满足产业链上各主体对海量、多样化的食品数据的存储和实时高效处理的需求。

由于食品数据具有多样性和复杂性的特点，不同来源的数据存在格式不一致、数据缺失、噪声干扰等问题，因此引导食品行业积极采用人工智能大模型，利用积累的省内食品行业的数据开展大模型训练，构建自动实现食品数据清洗、转换和集成的专属大模型，自动识别食品数据中的潜在规律和价值。

（3）构建多维度、多层次的食品数据分析模型，驱动食品产业的科学决策过程

助推省内食品行业对生产数据的分析工作，及时发现食品生产过程中的瓶颈和潜在的问题，借助数据资产持续优化食品生产工艺参数，在提高生产效率和产品质量的同时，显著降低生产成本和资源消耗。构建政产学研协同分析食品销售数据、消费者行为数据、社交媒体等数据，为食品行业提供省内外食品市场需求的精准分析报告，为产品创新和市场定位提供数据支持，使省内食品企业能够根据消费者偏好和消费趋势及时调整营销策略。

整合食品生产、流通、消费等环节的数据，构建食品安全风险预警和追溯分析模型，实现对食品安全风险的快速预警、精准定位和有效处置，借助大数据分析模型有效保障消费者的食品安全。例如，推动省内食品行业开展食品流通环节的温湿度数据的监控，发展预测食品变质风险的数据模型；建设追溯系统来快速定位问题食品的来源和流向，实现及时召回和处理。

（4）构建用户友好的食品大数据可视化平台，辅助产业链上各主体的科学决策

引导省内食品行业构建用户友好的大数据可视化平台，把海量数据转化为图表、报表、地图、仪表盘等多种可视化方式，将复杂的食品数据分析结果以直观的形式展现给产业链上的利益相关者，帮助各方主体利用量化结果快速掌握关键信息，进而做出科学的决策。例如，食品企业利用数据地图展示辽宁省各地区食品销售热点的分布情况，或者通过仪表盘实时监控食品库存和物流状态，还可以结合人工智能技术，自动生成食品流动数据分析报告，进一步提升决策的速度和准确性。

（5）建立完善的食品大数据安全和隐私保护机制，保障食品产业链数据安全

通过行业协会和政府部门共同推动，制定严格的数据安全管理制度，明确食品产业链上数据采集、存储、使用、共享等各环节的安全管理规范，落实食品产业链上各方承担的数据安全维护责任，保证在使用数据时能够遵守安全和隐私保护的相关规定，防止省内的食品数据被泄露和滥用。建议通过数据加密、访问控制、身份认证、安全审计等技术手段，构建多层次、全方位的食品数据安全防护体系，确保数据的安全性、完整性和稳定性。

4.3.2 利用大数据优化生产流程

利用大数据技术优化生产流程是提升辽宁省食品工业生产效率、降低成本、保障食品质量安全、增强市场竞争力的关键举措。通过对生产过程中的海量数据进行采集、分析和应用，可以实现生产流程的智能化、精细化和柔性化管理，推动辽宁食品产业向智能制造转型升级。

（1）提升设备管理效率，确保食品生产的稳定运行

推动省内食品企业在生产设备（如杀菌设备、灌装设备、包装设备等）上安装传感器，实时采集设备的运行数据，包括温度、压力、转速、震动、

电流等关键参数，通过工业物联网（IoT）技术实现设备数据的自动化采集，并将这些数据传输到食品设备健康管理系统。鼓励食品企业利用大数据分析预测食品设备的维护需求，发现潜在问题和设备优化空间，例如通过分析食品设备运行状态和生产节拍数据，优化设备的运行时间和生产排程，减少设备闲置时间或过载运行的情况，从而进一步优化设备的运行参数，避免设备故障导致的生产停工。引导食品行业开展设备运行数据与生产计划数据的联动分析，推动行业实现生产线柔性化管理，使得食品行业具备快速切换不同食品生产模式的能力。此外，推动食品行业根据长期积累分析的设备磨损规律，科学评估食品设备的使用寿命，制订更为精准的食品设备更新和改造计划，避免过早更换或因设备老化引发的质量问题。

（2）优化原材料管理，降低食品生产成本

引导省内食品企业与农业企业利用物联网和大数据技术，联合建立农产品追溯系统，实时监控食品原材料的采购、运输、储存和使用情况，确保食品生产的原材料质量安全和供应稳定。例如，在针对海产品原材料的追溯中，要引导相关企业实时采集和分析捕捞海域、捕捞时间、捕捞方式、运输温控条件等信息数据，通过追溯系统监测海产品冷链运输中的温度数据，及时发现运输过程中可能出现的风险，避免因温控失效导致的海产品原材料变质问题，确保海产品的新鲜度和品质；还可以通过采集并分析海产品的原材料历史价格、季节性变化、产量波动、气候对农作物的影响等数据，构建海产品价格预测模型，据此精准制订采购计划，选择最佳采购时间和供应商来降低采购成本。此外，引导食品企业利用大数据技术实时监控库存原材料的数量、入库时间、保质期等信息，能够根据市场变化动态调整库存结构，确保原材料供应与生产需求形成精准匹配关系。

（3）实现生产过程精细化控制，保障食品的质量稳定

鼓励省内食品行业引入先进的传感器和物联网技术，对食品生产过程中的各项关键参数，例如温度、湿度、pH值、发酵时间、搅拌速度等进行实时

监控和分析，及时发现食品生产过程中发生的异常情况，例如温度波动或pH值偏高等，及时发出预警信息并通过自动化控制系统采取预设的纠正措施，确保食品生产质量的稳定性。针对不同类型的食品，建立一套基于人工智能的配方库，自动调整不同产品的生产参数，制订专属的生产过程优化方案。

（4）强化质量控制和追溯，提升食品产业的竞争力

支持食品行业建立覆盖生产、加工、包装、流通和销售等环节的全流程质量追溯系统，记录每批次、每件食品的生产信息、检测信息、流通信息等，实现食品产品质量的全程可追溯。建立食品质量数据的分析系统，实时发现影响产品质量的关键因素，在训练人工智能大模型的基础上，自动给出改进质量控制的措施。此外，食品行业要及时分析消费者反馈数据，例如电商平台上的投诉、评价、建议等文本信息，识别出食品存在的质量问题和改进方向，并追溯到具体的生产环节和工艺流程，迅速采取改进措施来提升消费者的满意度。

（5）精准制订生产计划，提高食品生产的灵活性

支持省内食品行业构建食品市场大数据分析平台，在收集市场需求数据、销售数据、历史数据、季节性因素、节假日因素等基础上开展辽宁食品购买行为的量化分析，预测未来省内外对辽宁食品的市场需求变化，为省内食品企业制订合理的生产计划提供大数据分析支持。同时，推动食品行业根据市场需求的变化、原材料供应情况、设备运行状态等因素，利用大数据分析结果对生产计划进行动态调整，例如调整生产节奏、产品产量或生产线分配，提高食品生产对省外市场的灵活性和响应速度，最大限度地满足省内外食品市场的需求。

（6）优化食品产业供应链管理，提升供应链的整体效率

推动食品企业建立大数据技术构建智能供应链系统，鼓励食品企业利用该系统对供应链各环节的数据进行综合分析，包括对原材料采购、生产、仓储、物流、销售数据等的分析，实时监控物流状态、预测库存需求、优化运

输路线等，据此优化省内外食品供应链的布局，减少食品的物流成本和流通时间，实现供应链的可视化和智能化管理，提高辽宁食品供应链的协同效率和风险应对能力，保障食品供应链的稳定运行。

4.3.3 推动食品加工产业的智慧化绿色可持续发展

使用大数据技术来实现食品生产流程优化、节能减排、资源高效利用，推动辽宁食品行业的智能化转型和绿色可持续发展，有利于在提升行业整体效率的同时，也能够提升食品行业环境保护和资源节约水平。以下是具体发展对策：

（1）实现食品加工业的智能化节能降耗，提高行业的绿色生产水平

支持省内食品行业采用大数据技术实时监控食品生产过程中的能源消耗情况，例如电力、燃气、水资源等消耗数据，对各项能源的使用量开展精细化管理。例如，利用大数据分析模型对食品生产过程中用电、蒸汽消耗等进行优化建模，形成减少能源浪费的应对措施。推动食品行业积极使用机器学习和人工智能技术，通过训练行业内的大模型来自动调整生产参数，最大限度提升能源和副产品减量化水平。

（2）采用大数据开展精准追踪和监控，提升食品生产副产品的再循环再利用水平

推动省内食品行业广泛使用大数据技术对食品加工过程中的废弃物（例如食品残渣、包装废弃物等）进行精准追踪和监控，引导食品企业投资建立废弃物智能管理系统。通过对不同类型的食品生产副产品的数据分析，识别出可循环再利用的资源，通过智能化分选和处理技术将其转化为有价值的生产资源。例如，将食品加工过程中的有机废料转化为肥料、饲料或其他可用资源。

（3）开展智能化的水资源管理，减少食品行业的水污染程度

针对食品加工产业用水量较大且水污染较为突出的问题，推动省内食品

行业采用大数据技术实时监控与优化管理生产过程中的水资源。例如，支持食品企业安装水质传感器，实时监测食品加工过程中水源的质量，及时发现水质污染风险并采取应对措施。同时，结合大数据分析，提升食品生产过程中水的使用效率，确保行业整体用水量在减少的同时，避免因水质问题影响食品生产质量。此外，推动省内食品行业建立智能化的水资源循环利用系统，将生产过程中的废水进行净化、消毒处理后再利用，以减少生产过程中水资源的浪费。

（4）实现智能化的绿色供应链协同，提高食品行业的供应链绿色发展水平

推动省内食品行业建立基于大数据的绿色供应链管理系统，对食品供应链中的各个环节开展环境影响评估。例如，在食品企业采购原材料时，就能够利用大数据分析筛选出环保认证、可持续生产的供应商，优先采购绿色认证的原材料，政府对全过程进行监管。在食品运输过程中，通过分析运输路线、运输方式、载重情况等数据，选择低碳、高效的最优化运输方案，减少碳排放和交通拥堵，提高食品行业物流效率。此外，推动整个食品行业应用绿色采购政策和智能化物流平台，确保供应链从源头到终端的绿色管理，减少整个产业链对环境的负面影响。

4.4 打造“辽字号”品牌IP

4.4.1 塑造地域特色与品牌故事

（1）深度挖掘辽宁丰富的自然资源，彰显食品品牌的地域特色

辽宁具有丰富的自然资源，从优质农产品到海洋资源，都能为食品产业的品牌打造提供素材，有助于推动食品产业形成独特品牌辨识度的差异化竞

争优势。辽宁拥有众多独特魅力的特色农产品，例如，彰显原产地湿地生态环境特色的盘锦大米，采用辽西地区传统种植方式出产的辽西小米，具有黄金纬度产地特征的辽宁海珍品等。针对这些优质特色产品，要推动省内食品行业深度挖掘其与地方自然资源和风土人情的紧密联系，推出一系列具有代表性的地域特色产品矩阵，积极与明星代言、文化IP结合，利用社交媒体、短视频平台等加强对“辽字号”品牌的推广，强化消费者对“辽字号”品牌的认同感。

（2）传承和弘扬“辽菜”餐饮文化，讲好辽宁食品品牌故事

“辽菜”具有悠久的历史和独特的风味，是中华饮食文化的重要组成部分，为塑造辽宁食品品牌故事提供重要的文化源泉。要积极推动辽宁食品行业深入挖掘“辽菜”的历史渊源、文化内涵和烹饪技艺特点，将其融入食品特色和品牌故事中，增强辽宁食品的文化底蕴和对省内外消费者的吸引力。例如，可以突出“辽菜”满族文化特色，定位为“绿色、健康、养生”的地方菜系，研究满族饮食文化对“辽菜”的影响，宣传具有历史故事的菜品和食材，增强食品的文化附加值。在传承“辽菜”传统的基础上，打造“辽菜”大师或传承人的个人IP，通过他们的技艺展示来增强消费者对辽宁食品品牌的情感共鸣。同时，不断改良和创新传统的“辽菜”，结合辽宁特色农产品和“辽菜”烹饪技艺，开发具有鲜明地域特色的预制菜产品，通过标准化生产和冷链物流使省外消费者能够有机会接触到辽宁地方菜品。

（3）依托产业园区和龙头企业，构建区域食品品牌集群

依托沈北新区预制菜产业基地、大连金普新区预制菜产业基地等重点园区，集聚相关企业，形成产业集群，共同打造区域品牌。通过园区内的资源共享、信息交流和协同合作，提升整个区域的品牌影响力和竞争力。发挥华美畜禽、重工食品、国字菜篮子、安邦海得等龙头企业的带动作用，采取品牌授权、技术输出、产业链合作等方式，带动中小企业共同发展，形成区域品牌集群。通过举办食品博览会、美食节等活动，以及利用媒体、互联网等

渠道，加强对辽宁食品区域品牌的宣传和推广，提高其知名度和美誉度。

（4）强化知识产权保护，维护辽宁食品行业整体的品牌形象

推动省内食品行业的地理标志认证，保护辽宁特色食品（如盘锦大米、大连海参等地理标志产品）的独特性和地域优势，规范其生产、加工和销售行为，防止市场上的假冒伪劣产品损害这些地理标志产品的品牌形象。鼓励省内食品企业积极注册商标，在加强注册商标的保护的基础上，支持企业采取多方措施大力提升品牌在省内外的知名度。鼓励省内食品企业积极开展技术创新和新产品研发，要注重对食品企业专利的保护工作，特别是食品加工技术和包装设计方面的创新成果。加强食品行业的自律和政府监管，通过相关政府部门的联合执法和信息公开，维护辽宁食品行业的整体品牌形象。

4.4.2 开展跨媒体品牌推广活动

（1）支持电商平台推出辽宁食品展馆，利用新媒体加大品牌宣传力度

鼓励辽宁食品行业与知名电商平台积极开展合作，在主流电商平台上设立辽宁省优质食品专区，集中展示并销售省内食品企业的各类特色产品。引导食品行业采用美食线上地图的形式，形象展现辽宁各地的特色食品，向消费者介绍食品原产地、历史文化背景、制作工艺及营养价值等多维度信息，提升辽宁食品的文化附加值。同时，政府应充分利用多元化的新媒体渠道，向省外广泛宣传辽宁食品的特色和品质，增强公众对辽宁食品的认知与信任。

建议辽宁食品行业依托新媒体技术开发一款推广辽宁省美食文化和文旅特色的移动应用程序，采用VR/AR技术，让省内外消费者沉浸式体验辽宁美景的同时，也有机会了解到各地特色食品的生产场景，在增强食品购物体验的趣味性的同时，为消费者提供购买渠道。此外，在该程序上设置用户互动板块，鼓励省内外消费者分享购买食品和旅游体验，利用线上互动机制提升用户黏性，为省内食品企业提供市场反馈信息。

（2）搭建食品直播电商平台，大力培养食品直播电商人才

建议由政府统筹规划，联合食品行业协会、重点企业、高职院校及科研院所等多元主体协同推进食品直播电商平台建设，出台涵盖电商直播产业方面的税收优惠、金融支持、人才培育、知识产权保护等政策，推动数字技术与食品生产、加工、流通全链条深度融合，培育新型业态。同时，支持省内高校开设食品行业直播电商课程，推动高校与企业联合建设食品直播电商人才产业学院，定向培养选品、运营、主播等复合型人才，并吸引电商团队落户特色食品产区创业，通过“直播+原产地”模式赋能企业品牌推广与销售。

（3）制定食品品牌支持政策，加大政府对企业品牌无形资产的投入

建议制定省级层面对食品企业品牌予以支持的政策，加大政府对企业品牌无形资产的投入，根据食品品牌培育的需要，提供资金、税收、用地等方面的优惠支持，降低食品品牌培育的成本，增加食品品牌培育的收益，激发食品企业的积极性和主动性。

定期发布辽宁省食品品牌名录。依据国家和地方有关食品安全、质量、标准、监管等法律法规，以及行业协会、专家委员会、消费者协会等相关机构的意见和建议，以客观、公正、公开、透明为原则，综合考虑食品品牌的安全性、质量性、创新性、影响力等因素，采用量化和定性相结合的评价方法确定出食品品牌名录。名录由专门设立的工作组负责编制，工作组由食品工业相关政府部门和行业协会等参与，将名录内容以纸质和电子形式发布，并通过各种媒体和渠道进行宣传推广。名录每年更新一次，根据市场变化和消费需求及时调整名录内容，并及时通知相关方。

（4）出台培育食品品牌的系列政策，构建全方位品牌扶持体系

出台辽宁省食品品牌认证补贴政策，对通过国家或国际认可的食品品牌认证机构进行认证的食品企业，给予一定比例的认证费用补贴，最高不超过10万元。出台辽宁省食品品牌推广资助政策，对参加国内外重要展会、论

坛、交流活动等进行食品品牌推广的企业，给予一定比例的推广费用资助，给予每家参展企业最高50%的展位费补贴，最高不超过20万元。

出台辽宁省食品品牌联合支持政策，支持有共同特色或优势的食品企业形成品牌联合体，共同开发和推广具有辽宁特色的食品品牌，给予一定比例的联合开发费用和联合推广费用支持，最高不超过50万元。

出台政策引导食品行业协会成立品牌推广基金，支持企业利用各种展会及各类平台，广泛宣传辽宁食品的优势、特色、成就等内容，扩大辽宁食品在国内外市场的知名度和美誉度。同时，加强与其他省市区的交流合作，组织辽宁与其他地区的食品产业对接活动，提高辽宁食品市场份额。

4.4.3 加强与国内外市场的品牌合作

（1）助推辽宁省加快打造“中国海鲜预制菜之都”区域公共品牌

• 加强顶层设计和规划，明确“中国海鲜预制菜之都”的区域公共品牌定位、目标、愿景和战略

将“中国海鲜预制菜之都”作为辽宁省的区域公共品牌，科学评估辽宁省海鲜预制菜产业的发展潜力和市场空间，突出辽宁省海鲜预制菜产业的特色和优势，明确辽宁省海鲜预制菜产业的发展定位和目标，以及“中国海鲜预制菜之都”的区域公共品牌的愿景、战略和行动计划。

• 加强区域公共品牌建设的协调，建立健全区域公共品牌建设的组织架构、运行机制和保障机制

成立“中国海鲜预制菜之都”区域公共品牌建设领导小组，负责统筹协调区域公共品牌建设的总体工作。建议成立由市商务局牵头，相关部门参与的“中国海鲜预制菜之都”区域公共品牌建设办公室，负责具体落实区域公共品牌建设的各项任务。将辽宁省预制菜行业协会作为区域公共品牌的建设主体和平台，明确政府、行业协会、企业、科研院所等多方力量在区域公共品牌建设平台中的角色和职责，加强沟通和协调，形成合力。出台一系列支

持区域公共品牌建设的政策措施，包括优化审批服务、市场准入、税收优惠、奖励补贴、金融扶持等政策。要加大对区域公共品牌建设的财政投入，建立区域公共品牌建设资金的财政投入机制，每年由财政预算一定数额，投入到品牌建设之中，形成刚性制度约束。同时要引导社会资本参与区域公共品牌建设。

• 率先在全省制定统一的区域公共品牌建设的标准和规范，规范产品质量、包装设计、商标注册等方面的要求，提高品牌建设的水平和效果

参照国家和行业的相关标准和规范，率先在全省试点制定适合辽宁省海鲜预制菜产业的区域公共品牌建设的标准和规范，涵盖产品质量、包装设计、商标注册、宣传推广等方面的要求，体现辽宁省海鲜预制菜产业的特点和优势，满足消费者的需求和喜好。通过正式的渠道发布实施区域公共品牌建设的标准和规范，对海鲜预制菜企业进行培训和指导，督促海鲜预制菜企业按照标准和规范进行品牌建设，对海鲜预制菜产品进行抽检和检测，对不符合标准和规范的企业或产品建立公共品牌扶持的退出机制。

• 充分利用大连市已经获得的“中国海鲜预制菜之都”的称号，加强对外宣传推广，提升辽宁省海鲜预制菜的知名度和美誉度

加强市场开拓和宣传推广，充分利用国内外各种展会、论坛、赛事等平台，展示“中国海鲜预制菜之都”的产品特色和文化内涵。运用互联网、社交媒体等新媒体，开展创新性的品牌传播方式，如线上线下互动、预制菜美食节、新品发布等，增强品牌的吸引力和影响力。

（2）积极引导省内相关食品企业形成海鲜预制菜品牌特色定位

• 引导企业结合辽宁省海鲜饮食文化，形成海鲜预制菜品牌的文化内涵和价值主张

政府要大力推广辽宁的海鲜饮食文化，例如，可以举办海鲜美食节、烹饪比赛等活动，提供平台、资源、网络等方面支持企业开展海鲜饮食文化的交流和合作，鼓励企业与国内外的其他海鲜预制菜企业、行业协会、科研机

构等进行海鲜饮食文化的交流和合作，引导企业以辽宁的海鲜文化为背景，创新预制菜品种，突出辽宁海鲜的地域特色、历史传承、民俗风情等元素，传承和创新辽宁海鲜的烹饪技艺、风味特点、健康理念等方面，提高产品的文化含量和市场吸引力，打造具有辽宁特色的海鲜预制菜品牌故事和形象。

• 引导辽宁省企业培育海鲜预制菜大单品系列，形成海鲜预制菜品牌的产品优势和市场竞争力

要充分发挥辽宁省海产品的品种丰富、质量优良、口感独特等特点，开发和推出具有代表性和影响力的海鲜预制菜大单品，例如开发鲍鱼捞饭、海鲜全家福、三鲜焖子等辽宁省特色的海鲜预制菜产品，支持辽宁省企业、科研机构联合设计出海鲜预制菜大单品的地方标准，满足消费者的多样化需求和个性化偏好，打造具有辽宁省特色的海鲜预制菜产品线和系列。

• 推动省内食品企业与知名餐饮企业联合开发海鲜预制菜产品

鼓励省内食品企业与知名餐饮企业开展深度合作，共同开发彰显辽宁特色的海鲜预制菜品。引导食品行业将辽宁本地餐饮企业的招牌菜品转化为预制菜的形式，特别为省外消费者提供品味辽宁海鲜美食的选择机会，进一步挖掘辽宁特色餐饮在省外的市场潜力。支持预制菜企业与辽宁知名海鲜餐馆合作，联合进行产品研发与口味调试，从而提升辽宁海鲜预制菜的口感与品质。这种合作模式不仅能够借助餐饮机构的品牌效应扩大预制菜的市场影响力，还能为辽宁海鲜预制菜产品注入更多地域特色与文化内涵。此外，通过政策引导与资源整合，推动食品企业与餐饮行业在技术、渠道和品牌方面的深度融合。例如，鼓励食品企业利用现代化食品加工技术，在保留辽宁传统菜品风味的同时，还能满足现代消费者对方便、健康食品的需求。

（3）大力扶持企业显著提升海鲜预制菜品牌知名度

• 扶持企业建立海鲜预制菜品牌联盟，形成品牌合作和共赢的机制

出台海鲜预制菜品牌联合支持和品牌推广资助计划，支持有共同特色或优势的辽宁省食品企业形成品牌联合体，共同开发和推广具有辽宁特色的海

鲜预制菜品牌，给予一定比例的联合开发费用和联合推广费用支持。对联合参加国内外重要展会、论坛、交流活动等进行食品品牌推广的企业，给予一定比例的推广费用资助。加强品牌联盟的组织建设和管理运行，制定品牌联盟的章程和规则，明确品牌联盟的目标和任务，加强品牌联盟的内部沟通和协调，促进品牌联盟的资源共享和利益分配，提高品牌联盟的凝聚力和影响力。

• 扶持企业建立海鲜预制菜科技研发共性平台，形成科技创新和支撑机制

支持辽宁省开展食品科学研究的高校和机构，在政府和企业的共同资助下，成立预制化食品工业关键共性技术研究平台，整合科技研发共性平台的人才、设备、资金等资源，明确平台的组织架构、运行机制、资金来源、人才队伍等，为集成创新提供支撑。采用“一对多”式的合作模式，即由一个主导单位牵头，多个参与单位协作，开展海鲜预制菜关键共性技术的攻关和应用。

• 引导企业以产品建设引领品牌建设，形成品牌升级的坚实基础

产品营养升级是品牌升级的闪光点。2022年4月26日发布的《中国居民膳食指南（2022）》，推荐“规律进餐”，强调了会烹会选，提倡回家做饭、回家吃饭；倡导会看营养标签，学会科学合理地选择预包装食品。目前，预制菜虽然基本满足低糖、低脂肪、低热量、高蛋白等条件，但仍需以绿色健康理念和传统养生理念，结合现代营养学技术来不断地进行营养升级，实现预制菜肴的营养精准化。因此，C端市场个性诉求升级，性别、职业、年龄等变量成为海鲜预制菜消费的重要影响因素，辽宁食品企业需要通过不断的技术革新来实现产品升级，把握消费者的个性需求，提升品牌黏性并实现产品复购。

• 扶持企业利用直播电商进行海鲜预制菜的推广和销售，创新构建线上线下相结合的营销模式

加强对海鲜预制菜直播电商的政策支持和监管指导，提供直播电商的培训和指导、奖励和补贴、平台和资源等方面的支持，鼓励企业与直播电商达

成合作协议，促进直播电商与消费者之间的互动和信任，提高直播电商的转化率和复购率。鼓励高校开设直播电商专业或课程，推动高校与企业联合建设食品直播电商人才产业学院，培育预制菜电商主播和运营团队，为辽宁省预制菜企业开展直播带货业务提供人才支持。创新线下营销模式，让烟火气和仪式感成为预制菜品牌的新亮点。预制菜肴具有场景功能，孤独时寻找烟火气，欢聚时创造仪式感。辽宁省内企业更应该把握海鲜预制菜肴的场景功能，满足消费者对于美食的向往和仪式感，在内陆中寻找海的味道，在海岸边迎合轻奢浪潮。比如，改善菜品“颜值”和品质，高度还原海鲜菜品本身的鲜气，经过简单热操作赋予“锅气”，做出套餐形式适应节假日，都可以有效切合消费者的消费心理。

• 引导海鲜预制菜产业与文旅产业深度融合，开发预制菜旅游产品系列

出台政策鼓励辽宁省食品企业利用辽宁省旅游文化资源，开发具有地域特色、历史特色的海鲜预制菜产品。支持食品企业与文旅景区、乡村旅游点等建立合作机制，开展联合营销、联合推广、联合创新等活动，丰富旅游产品供给，满足游客多元化需求。支持食品企业与文化创意产业合作，开发以海鲜预制菜为主题的动漫、游戏、影视、文学等文化产品，拓展预制菜的文化内涵和市场空间，形成食品与文化的互动和共赢。

4.5 强化公共服务平台及政策研究与咨询支撑

4.5.1 建设行业信息共享平台

支持省内开展食品科学研究的高校和机构，如大连工业大学、沈阳农业大学、大连海洋大学等，在政府和企业的共同资助下，成立省级食品行业信息共享平台，明确平台的组织架构、运行机制、资金来源、人才队伍等，为

集成创新提供支撑。

根据省内食品产业的发展现状和需求，分析产业集群面临的主要技术难题和瓶颈，确定需要集成创新的关键共性技术领域，如营养食品研发、真实性鉴别、传统食品工业化、标准化、智能化生产等，制订科学合理的研发计划和方案，采用“一对多”式的合作模式，即由一个主导单位牵头，多个参与单位协作，开展关键共性技术的攻关和应用。

组织各地市政府、食品科研院所、食品企业等相关方，制定校地共建科研平台的目标、任务、责任、资金、考核等方面的协议，明确各方的权利和义务，建立沟通协作和信息共享的机制。针对不同地区土特产加工开展针对性研发，在整体推动辽宁省食品产业向高利用、高营养、高品质、高附加值方向快速发展的同时，以“一地一特”“一特一产”思路全面建强休闲食品、功能食品、特殊食品、生物制品及啤酒、红酒、调味料、饲料等全产业链条。

4.5.2 构建完善的产业扶持政策体系

为加快推进辽宁省食品工业大省建设，需要结合辽宁省食品产业发展实际，构建完善的政策体系，为食品工业的高质量发展保驾护航。具体政策完善建议如下：

（1）构建良好的政商合作关系，完善食品产业民营经济的相关政策法规体系

加强政府与食品工业民营企业的沟通协调机制，及时了解食品民营企业的需求和困难，制定符合食品行业民营经济实际发展需求的政策措施，建立更加亲商、惠商、安商的政治生态，增强食品工业民营企业的信心，形成良好的政商合作关系。

完善与食品工业民营经济相关的法律法规体系，及时修订或废止一些不适应或不符合轻工业民营经济发展需要的法律法规条款。严格执行相关政策

法规，规范监管执法行为，保障食品工业民营企业的合法权益和自主经营权，加强对食品工业民营企业知识产权的保护力度，打击侵犯知识产权的违法行为，维护食品工业民营企业的创新成果和核心竞争力。

（2）优先保障食品工业的要素投入，执行更大力度的减税降费政策

优先保障食品精深加工、冷链仓储、电商物流等建设用地需求，对于食品工业项目用地出让价按不低于所在地土地等别相对应《全国工业用地出让最低价标准》的70%执行。

对食品精深加工设备建设给予补助，补助上限不超过总造价的30%。用于食品精深加工生产经营的固定资产贷款和当年新增流动资金贷款合计不低于500万元的，按央行公布的LPR给予贴息。

推动银行机构为食品工业企业量身打造“高端食品贷”，以结算、资产、交易、信用等数据为授信依据，采取信用、保证、抵押等多种担保方式，提供经营周转用途的流动资金贷款，支持精深食品加工产业链和供应链融资。推动保险机构开发“高端食品保险”等金融产品，覆盖食品生产、加工、运输和经营等环节。

对食品工业企业实施更大力度的减税降费措施。对增值税小规模纳税人、小微企业全额减征城市维护建设税、房产税、城镇土地使用税、印花税，耕地占用税和教育费附加、地方教育附加。中小微企业新购置的设备、器具，单位价值在300万元以上的，按照单位价值的一定比例自愿选择在企业所得税税前扣除。加大食品工业企业增值税期末留抵退税政策范围，制造业企业一律按月全额退还存量增值税留抵税额。

4.5.3 提供企业定制化政策咨询服务

为推动辽宁食品产业高质量发展，切实满足食品企业的精准化、差异化需求，有必要建立一套完善的企业定制化政策咨询服务机制。为此提出以下对策建议：

（1）深入开展食品企业需求诊断，实现扶持政策的精准匹配

组建专业化的服务团队，线上依托各地政务服务平台，设置食品企业政策需求征集专栏，鼓励食品企业随时提交政策诉求；线下通过明察暗访、预约走访、座谈交流、问卷调查等方式，深入食品企业生产经营一线，全面掌握企业在技术研发、市场开拓、项目建设等方面的实际需求和困难。围绕收集上来的企业需求，整合国家、省、市各级涉企扶持政策，依托大数据分析技术实现企业需求与政策资源的精准匹配，同时对于政策空白点及时形成扶持政策建议。及时收集整理国家和地方最新出台的支持食品产业发展的政策文件，建立相应的政策库并对食品行业开放，同时要进行政策库的动态更新和维护，并根据政策变化及时调整完善政策匹配规则。

（2）建立网格化服务机制，提供全方位政策咨询

建议政府相关部门组成专门的食品产业服务委员会，为食品企业提供全方位的政策解读和咨询服务。采用"一企一档"的方式对重点食品企业设立服务专员，提供精准服务对接。开发食品产业政策咨询系统，为省内外食品企业提供政策查询、在线咨询、办事指引等服务。积极开展"送政策进企业"活动，将惠企政策送到食品企业手中。建立食品产业发展联席会议制度，由食品产业服务委员会定期分析省内外食品行业发展形势，及时协调解决企业反映的共性问题。

（3）建立全流程管理机制，强化业务协同与监管联动

建议农业、市场监管、卫生健康等相关部门加强协同合作，利用大数据、云计算等技术，打破部门壁垒，以实现信息共享和资源整合，细化各部门在食品产业链中的监管职责，避免职能重叠或监管空白，形成高效的全流程监管体系。建立食品安全风险联合处理机制，各部门能够通过协同联动机制快速响应和处理食品安全突发事件。鼓励消费者、行业协会、媒体等社会力量参与监督食品安全，使公众对发生的食品安全问题能够有途径进行及时反馈，推动全社会形成食品安全共治的良好氛围。

5
发挥地方高校的教育科技人才支撑作用

5.1 食品产业人才培养与教育创新

5.1.1 设计适应人工智能和大健康发展战略的人才培养体系

当前人工智能和大健康产业正在飞速发展，在此背景下各产业都面临着前所未有的变革。为了顺应这种发展趋势，食品行业需要加快向智能化、数字化、健康化转型，因此开展食品学科人才培养体系的革新就显得尤为重要。通过传统食品科学融合新兴技术，重塑食品学科课程体系，构建跨学科食品人才培养模式，培养能够推动食品行业创新发展，满足未来精准营养、智能生产需求的创新型人才。

（1）面向人工智能、大健康的发展趋势，重新确定食品学科和专业的定位

在人工智能和大健康产业快速发展并且对各产业带来深刻变革的背景下，要推动辽宁省高校适应食品行业智能化、数字化、健康化的发展趋势，鼓励地方高校的食品学科发展成为智能食品科学与大健康产业融合的交叉学科。在传统食品科学的基础上，融入人工智能、大数据、物联网等新兴技术，积极培育“智能食品科学”新方向。支持省内高校加快将AI技术应用于食品研发、生产、检测及供应链管理等教学科研中，培养能够推动食品行业智能化、数字化和健康化发展的创新型人才，满足未来食品产业对精准营养、智能生产和个性化健康服务的人才需求。同时，鼓励省内地方高校将食品学科与大健康产业紧密结合，突出食品在健康管理、疾病预防、营养干预等方面的作用，培养功能性食品设计、健康食品研发、个性化营养服务等高素质复合应用型食品人才。

（2）融合人工智能技术与大健康发展战略，重塑食品学科课程体系

在传统食品学科专业课程的基础上，开设人工智能大模型、机器学习、深度学习、计算机视觉等人工智能课程，使学生掌握人工智能的基本原理和主要方法。例如，通过深度学习课程，使学生掌握图像识别、语音识别等技术，为其在食品加工中开展图像检测、质量识别等提供知识基础。同时，开设智能食品加工、智能品质检测、智慧仓储物流等专业方向课程，讲授人工智能技术在食品产业链各环节的具体应用，培养学生深度融合人工智能技术与食品专业知识的能力，培养其运用学科交叉知识解决食品产业未来发展中面临的复杂问题。例如，开设的课程可以讲授食品加工过程中人工智能在自动化控制、优化生产工艺等方面的应用，利用机器学习算法对食品加工参数进行优化，运用人工智能技术实现对食品品质的快速检测等。

此外，课程体系还要突出食品专业教育与大健康理念的深度结合，开设大健康产业概论、营养与健康、功能性食品开发、食品与慢性病预防等课程，培养学生从大健康的角度思考和解决食品领域问题的能力。同时，强化食品营养学、生命科学基础等传统优势课程，鼓励省内高校将现代生物技术、组学分析技术引入教学体系，拓宽学生利用前沿生命科学技术研发健康食品的视野。

（3）构建跨学科食品人才培养模式，探索设立食品交叉学科新型专业

在食品学科传统课程的基础上，设计涵盖人工智能、数据科学、生命科学、健康管理等多学科融合课程，例如开设“智能食品工程”课程，讲解人工智能在优化食品生产工艺和质量检测的应用。同时，在食品专业的培养方案中，设计人工智能、大数据分析、大健康等模块化课程，允许食品学科所有专业的学生可以根据兴趣选择不同的模块。鼓励省内高校在食品学科、人工智能、大健康等专业开展深度融合，设立双学位或联合培养项目，引导和支持有条件的省内高校率先开展食品交叉学科新型专业建设试点工作，探索开设食品交叉学科的前沿本科专业，例如智能食品科学与技术、食品大数据

与健康管理、食品科技与健康老龄化管理等，培养能够同时理解食品工程与人工智能技术的复合型人才，为全省乃至全国培养食品交叉学科创新人才提供经验借鉴。

（4）制定食品交叉学科创新人才培养的扶持政策，打造高水平“智能食品科学”教师队伍

建议辽宁省教育主管部门联合其他相关部门，系统制定支持食品专业与人工智能、大健康融合创新发展的扶持政策，设置专项资金加大对食品交叉学科专业建设的支持力度。优先支持食品交叉学科专业建设项目，在实践教学体系开发、科研平台建设、大学生创新创业训练等方面给予重点倾斜，引导高校培育食品交叉学科新型专业教学团队。加大对食品专业教师开展人工智能、大健康领域科学研究的经费投入，支持省内高校建设智能食品加工与检测实验室、食品智能化供应链管理实验中心、食品大数据与营养健康研究平台。

制订食品交叉领域领军人才培育计划，重点引进或培养一批既精通食品科学又熟悉人工智能、大健康产业的高层次人才。鼓励高校食品学科青年教师攻读人工智能、大健康领域的博士学位，建立“食品智能化与大健康产业师资培训基地”，为食品专业教师提供人工智能、数据科学、健康管理等方向的深度培训，重点支持围绕食品领域人工智能应用、健康食品开发等方向组建的高水平教学科研创新团队。

5.1.2 构建食品产业校企协同育人机制

食品产业作为重要的消费产业之一，受到公众的高度重视，需要不断补充紧跟产业发展趋势的应用型人才，因此，构建食品产业校企协同育人机制已成为现实中的迫切需求。高校与食品企业、人工智能企业、大健康企业的深度合作，可以提升学生在智能食品、大健康食品等领域的实践能力，培养适应未来食品行业发展的实践型、创新型人才。

（1）建设食品产业校企协同育人联盟，率先布局智能食品与大健康人才培养

鼓励省内食品学科优势高校，例如大连工业大学、沈阳农业大学，与知名食品企业、人工智能企业、大健康企业等，建设食品产业校企协同育人联盟，密切跟踪食品科技、智能制造、健康管理等行业动态，推动高校与企业共同探索食品交叉学科的人才培养创新模式。依托联盟建立跨学科研究智库，邀请省内外人工智能、大数据、生命科学、健康管理等领域的知名专家学者，深入研究人工智能、物联网、区块链等新技术在食品产业中的融合应用，分析食品行业对人才能力结构的最新需求，为食品专业的人才培养革新提供指导。此外，通过该联盟整合政府、行业协会等资源，助推食品企业、高校、研究机构形成食品交叉学科协同创新网络，为食品行业的人才培养提供前瞻性的科研平台。

（2）共建“AI+大健康+食品”特色协同育人基地，构建产学研一体化人才培养体系

支持省内食品优势学科高校与人工智能、食品科技龙头企业多方共建“AI+食品”协同育人基地，围绕人工智能在食品智能制造、食品质量检测、食品供应链优化等方向，应用大模型打造智能食品学科专业的完整育人链条。此外，鼓励省内食品优势学科高校与大健康企业、医疗机构合作共建“大健康+食品”协同育人基地，重点探索食品科技在精准营养、功能性食品、特殊人群膳食配方等方面的应用。建议政府加大对协同育人基地新型科研教学设备的支持力度，使得基地能够开展食品领域的人工智能建模、大数据分析、智能感知检测、区块链溯源等，并向省内各高校开放共享智慧实验室资源，为食品相关学科的学生提供在虚拟产业环境中实践操作的机会，提升学生基于AI和大数据解决食品行业复杂问题的能力。

（3）校企协同开发食品智能化、健康化方向人才培养项目，提升食品交叉学科人才培养质量

支持省内食品学科优势高校与知名食品企业、人工智能企业、大健康

企业联合开发“食品+人工智能”“食品+大数据”“食品+生命健康”等跨学科复合型人才培养项目，共同设计融入智能制造、数字化管理、营养健康、生物工程等模块的食品交叉学科人才培养方案，校企联合开发引入人工智能、大数据、健康管理、生物工程等食品专业课程。支持依托食品企业的生产场景，各方与高校合作联合开发基于真实食品产业需求的案例教学库，建设食品产业联合实习实训基地。鼓励高校聘请人工智能专家、健康管理行业专家、食品科技企业技术负责人担任课程指导教师，为学生掌握实践领域的知识提供有效途径。支持企业设立校企联合资助的食品智能化与大健康创新项目孵化基金，支持学生围绕智能食品、大健康食品方向开展创新创业项目。

（4）打造食品学科交叉领域的“双导师”团队，培养实践型、创新型食品交叉科技人才

建议在省内外遴选一批既具备食品科技背景，又精通人工智能、大健康产业的高校教师和企业专家，建立校企联合“双导师”团队，为食品交叉学科人才培养提供理论和实践指导，推动学生结合人工智能、大数据、生命科学等领域的前沿知识和实践基础，开发智能食品加工装备、食品AI检测系统、健康食品精准配方等创新成果。支持“双导师”团队承担食品智能制造、健康食品、大数据食品安全等重大科研项目，鼓励师生团队以产学研合作模式申报国家级、省级科技项目。同时，鼓励“双导师”团队设立“食品科技创新工作坊”，吸纳学生参与企业真实项目并开展跨学科科研，为食品行业培养具有实践经验的高层次科技人才。

（5）建立食品学科与人工智能、大健康领域融合育人成效评价体系，构建食品产业校企协同育人质量监测机制

建立食品专业校企协同育人的学科交叉多维度评价机制，推动省内高校、相关企业、政府、行业协会等多主体共同参与的人才培养质量监测体系。将学生在食品工程中应用人工智能、大数据分析、智能制造等新技术的

能力作为核心评价指标，建立食品企业的人才联合培养反馈机制，综合评定毕业生在食品智能制造、健康食品研发等岗位的职业发展情况、技术创新能力、市场适应能力等。定期开展人工智能、大健康领域校企协同育人专项评估，据此动态调整人才培养策略。此外，建议设立食品交叉学科人才培养质量奖，对在智能食品、健康食品等领域取得优秀成果的高校、企业、师生团队进行表彰。

5.1.3　推广在线教育与远程学习平台

（1）建设特色鲜明的“智能食品科学”在线课程体系

支持省内高校立足辽宁食品产业发展需求，联合人工智能企业和食品企业，应用人工智能、大数据等新技术，建设内容前沿、互动性强的“智能食品科学”在线课程平台。在线课程内容主要包括食品智能加工技术、食品大数据分析、营养健康大数据应用等前沿方向，融入人工智能、机器学习、深度学习等新兴技术在食品领域的应用案例。此外，鼓励省内食品学科相关的高校与食品行业龙头企业、人工智能领域知名企业开展合作，共同开发凸显辽宁食品行业发展需求的在线课程项目。

（2）开发基于人工智能的食品专业在线实训平台

支持省内食品学科相关高校利用VR/AR、人工智能等新一代信息技术，开发综合知识学习、技能训练、在线考核等功能于一体的食品专业在线实训平台。鼓励校企合作建设食品加工车间数字孪生系统，在校生可以通过VR设备沉浸式体验食品生产加工流程。同时，研发基于机器学习的智能食品生产实训平台，使得学生借助AI助手互动来获得个性化工程实训指导。此外，还可以支持高校开发食品感官评价AR系统，学生利用AR眼镜对食品的色泽、气味等进行模拟分析。

（3）构建赋能专业教学的食品领域大模型知识库

支持校企联合整合国内外食品领域专业期刊、学位论文、专利文献、国内外标准、行业报告、新闻媒体等海量数据资源，利用国内大模型实现本地化或者云端部署，构建食品领域大模型知识库，涵盖食品加工技术、食品安全与质量控制、食品营养与健康、智能食品加工等各方向。基于大模型知识库开发智能问答、智能检索等移动学习应用平台，使省内食品相关专业学生能够便捷获取所需的专业知识。同时支持食品学科教师将大模型知识库嵌入在线教学平台中，为学生智能推送教学内容，实现个性化学习食品知识的目标。

（4）以“AI+教学”模式提升食品在线教育智能化水平

鼓励省内高校食品专业教师利用智慧化适应学习系统、智能作业批改等AI工具，针对每位学生实现在线教学过程的精准化管理。通过AI大模型对学情开展实时分析，给出每位学生学习成果的智能评估，据此精准推送有针对性的个性化学习资源。依托大模型技术研发面向食品专业的虚拟教学助手，让学生能够通过语音问答、人机对话等智能交互方式获得一对一专业学习指导。此外，鼓励省内高校建设在线教育质量智能分析系统，利用大数据分析、机器学习等技术实时诊断学生在线课程学习效果，为教师提升在线教学水平提供改进建议。

（5）完善食品在线教育标准规范和质量保障机制

建立省内食品领域在线教育专家委员会，制定食品专业在线课程的建设标准，明确课程设置、教学组织、考核评价等方面的规范，负责对在线课程效果进行同行评议。同时由政府、高校、企业等多元主体参与，建立食品在线教育监督机制，加强对在线教学过程的全过程的监管水平。鼓励各高校出台食品在线教育学分认定管理办法，将学生自主修读在线课程的学习成果纳入学校的学分管理。

5.2 科研成果转化机制创新与新技术推广

5.2.1 创新科技成果转化机制

在人工智能和大健康产业快速发展的背景下，辽宁的食品产业亟需在科技成果转化方面探索新的实现路径。加强高校与企业在新兴交叉领域的协同创新，完善技术转移机制，加大后续研发投入，提升食品交叉学科专利的产业化率则是有效手段。结合辽宁省的食品产业特点，推动智慧食品加工、营养健康等领域的科技成果落地，不仅能够为地方经济的发展注入新动能，还能为全国食品产业的转型升级提供有益借鉴。建议具体对策如下：

（1）打造“互联网+智慧健康食品”科技成果转化服务平台

建议推动省内高校食品学科、人工智能领域创新团队、大健康、食品产业等龙头企业共同发起成立“智慧健康食品”科技成果转化联盟，聚焦人工智能赋能食品加工、数字化食品供应链管理、智慧健康食品开发等前沿方向，引导食品行业开展跨学科跨领域的协同创新。依托该联盟建设“互联网+智慧健康食品”科技成果转化服务平台，整合省内外食品领域科技创新资源，提供智慧健康食品相关的科技成果展示、在线技术交易、创新创业、成果估值、法律咨询、商业化策划等一系列服务，逐步发展成为省级食品交叉学科科技成果转化中心。平台可以通过嵌入人工智能大模型和区块链技术，为食品科技成果转化提供智能化、个性化服务，保护联盟成员科技成果的知识产权。食品企业可以在该平台上提出诸如智能化生产线改造、功能性食品开发技术等需求，平台通过大模型智能推荐具有相关科研成果的高校和科研团队以“揭榜挂帅”方式开展定向研发。在这个过程中政府可以提供研发补贴，平台也可以引入金融机构提供融资支持。

建议省内建设一批“AI+食品”特色成果转化基地，特别是重复利用省内的装备制造业优势，重点开展智能食品加工装备、食品质量安全智能监测设备等方面成果转化。同时，大力支持生命健康、医学领域的省内高校与食品企业共建“大健康+食品”特色成果转化基地，围绕个性化健康食品精准设计、营养健康大数据应用等成果开展转化。

（2）建立“智慧健康食品”科技成果转化的多元投入机制

建议设立省级“智慧健康食品”科技成果转化专项基金，同时鼓励各地市设立“智慧食品”科技成果转化配套资金，重点支持省内食品企业和科研机构将人工智能、大数据、大健康等领域前沿技术在食品领域的应用转化。对实现“AI+食品”“大健康+食品”领域关键核心技术产业化并形成重大经济社会效益的项目，根据实际贡献大小给予相应的奖励。例如，对获得省级以上科技成果奖励、形成显著经济社会效益的“智慧健康食品”项目除了给予一次性奖励之外，还可以在后续给予项目持续滚动支持。积极引导社会资本和省内龙头食品企业设立“智慧健康食品”科技成果产业化基金，鼓励金融机构提供“智慧健康食品”科技成果转化金融服务，例如创新知识产权质押贷款、预期收益权质押贷款等金融产品，鼓励保险机构开发“智慧健康食品”科技成果产业化保险产品，为成果转化提供多元化的投融资服务。

（3）健全“智慧健康食品”科技成果转化人才培养和激励机制

鼓励省内相关高校及科研机构加大食品学科与人工智能、大健康学科高层次人才的引进力度，建设高水平“智慧健康食品”科技成果转化创新团队，支持创新团队与省内外高水平食品企业联合申报国家重点研发计划专项，突破一批“智慧健康食品”关键核心技术，对获得重大科研突破、成果转化绩效突出的“智慧健康食品”创新团队给予相应的奖励。允许高校、科研院所科研人员以“智慧健康食品”科技成果作价入股，投入食品企业进行转化。高校、科研院所可对“智慧健康食品”成果转化绩效突出的科研人员设立转化特别奖，奖励额度不纳入绩效工资总量管理。支持高校食品学科教师与人工智能、大健康领域企业开展人才双向交流和柔性流动，鼓励高校与科研院所设立“智慧健康食品产业特聘专家”岗位，柔性引进食品行业专家参与科技成果转化，高校教师可带技术转化成果到企业进行兼职。建议试点“智慧健康食品成果转化经纪人”制度，培养专业的技术经纪人团队，负责对接企业需求与科研成果，按转化收益的5%~10%提取佣金。

（4）建设“智慧健康食品”中试基地与产业化示范基地

建议在沈阳、大连等食品产业集聚区建设省级“智慧健康食品”中试基地，配备AI驱动的食品加工模拟系统、健康功效验证实验室等设施。推动食品产业各利益相关方高效利用中试基地的共享资源，鼓励省内食品企业与科研团队共同使用中试设备。同时，建议对使用中试平台的省内食品企业和科研团队给予50%的中试费用补贴，在缩短从实验室到量产的时间的同时有效降低实验成本。建设“AI+食品”产业化示范园区，吸引头部企业和人工智能企业入驻，联合开发智能食品加工生产线、健康食品定制平台等示范项目，研究AI驱动的食品原料分拣、精准加工、质量检测等新兴技术，实现园区内食品生产的智能化、数字化和绿色化。

（5）建立“智慧健康食品”科技成果转化扶持政策与法律保障体系

建议出台促进辽宁“智慧健康食品”科技成果转化的系列政策，明确科技成果转化中的知识产权归属、使用和转化方式，规范科技成果转化合同的签订与履行，对于参与“智慧健康食品”技术转化的省内企业，给予一定期限的税收减免政策；对在“智慧健康食品”领域开展技术创新并取得突破的科研人员提供专利申请补助；对首次应用自主研发的智能食品加工装备的省内食品企业，建议给予设备采购费用补贴。加强对“智慧健康食品”领域专利、商标等的保护力度，严厉打击“智慧健康食品”领域侵犯知识产权的行为，保护食品企业的创新积极性。

5.2.2 建设产学研协同创新中心

（1）多方共建食品技术创新研发平台，进行“一对多”式集成创新

支持省内开展食品科学研究的高校和机构，如大连工业大学、沈阳农业大学、大连海洋大学等，在政府和企业的共同资助下，成立省级食品工业关键共性技术研究平台，明确平台的组织架构、运行机制、资金来源、人才队伍等，为集成创新提供支撑。

根据省内食品产业的发展现状和需求，分析产业集群面临的主要技术难题和瓶颈，确定需要集成创新的关键共性技术领域，如营养食品研发、真实性鉴别、传统食品工业化、标准化、智能化生产等，制订科学合理的研发计划和方案，采用“一对多”式的合作模式，即由一个主导单位牵头，多个参与单位协作，开展关键共性技术的攻关和应用。

组织各地市政府、食品科研院所、食品企业等相关方，制定校地共建科研平台的目标、任务、责任、资金、考核等方面的协议，明确各方的权利和义务，建立沟通协作和信息共享的机制。针对不同地区土特产加工开展针对性研发，在整体推动我省食品产业向高利用、高营养、高品质、高附加值方向快速发展的同时，以“一地一特”“一特一产”思路全面建强休闲食品、功能食品、特殊食品、生物制品及啤酒、红酒、调味料、饲料等全产业链条。

（2）设计风险共担、收益共享的协同创新利益分配机制

根据协同创新过程中科研团队、企业、政府在食品科技成果转化中的贡献大小，合理确定各方的创新收益分配比例。例如，科研团队作为技术创新的核心主体，建议获得50%的转化收益；企业负责科技研发成果的产业化应用，可以占30%的收益；政府部门提供政策支持和服务保障，可以分配20%的收益用于后续的协同创新政策资金补贴。

建议采取“先确权后研发”的协同创新利益分配模式，在食品科技项目

启动之前就能够明确界定高校、科研团队、企业等在知识产权方面的责权利。基础专利所有权由高校获得，同时保护科研团队的核心技术产权，而成果的产业化应用则由企业享有排他性授权，保障企业开展后续研发投入的积极性。

针对协同创新过程中可能面临的研发失败风险，建议政府牵头成立“食品协同创新风险补偿基金”，由高校、企业共同出资对冲研发失败损失。例如，按照政府40%、企业30%、高校30%的比例分担研发风险，减轻单一主体创新的资金压力。建立风险补偿基金的使用管理和动态调整机制，确保各方根据实际情况变化调整优化风险分担格局。制定协同创新利益分配和风险共担的协议范本，明确各方在研发和成果转化中的责权利。

5.2.3 促进新技术在地方食品产业中的应用

高校通过促进新技术在地方食品产业中的应用，有助于推动食品产业的转型升级，提升产业的附加值和竞争力。辽宁省高校聚集了众多优秀的食品科研人员和先进的实验设备，具备强大的食品技术研发和创新能力。建议重点关注以下新技术的推广应用：

（1）加快推动人工智能、大模型等新技术在食品产业中的融合应用

目前，人工智能、大数据、云计算等新一代信息技术对传统产业的改造升级作用日益凸显，因此推动这些新技术在辽宁食品产业中的融合应用，对于加快实现省内食品产业的智能化、数字化发展具有重要意义。

鼓励省内食品企业积极应用大数据、物联网、区块链等新技术，建设智能工厂、智慧车间和工业互联网平台，对食品研发设计、生产加工、仓储物流、营销服务等环节开展数字化改造，构建食品设计、生产、管理、服务等全流程数据链。支持省内食品企业联合装备制造企业，应用机器视觉、深度学习等人工智能技术开发智能化食品加工装备，鼓励有条件的食品企业建设食品加工数字孪生系统，实现对生产过程的实时仿真和智能

优化。

围绕食品感官评价、配方优化、工艺创新等方向，鼓励省内食品企业联合高校、科研机构协同训练食品领域大模型，建设辽宁“智慧健康食品”大模型开放创新平台，利用食品领域知识图谱、算法模型等人工智能工具，结合辽宁食品生产的大数据，开发智能配方设计、口感预测、营养分析等智慧化应用平台，推动省内传统食品制造向智能化、个性化、定制化方向发展，同时将“智慧健康食品”大模型向省内广大中小食品企业开放使用，助力提升食品产业整体人工智能赋能水平。

（2）加强食品感官体验技术的研发应用

当前消费者在选择食品时，对味道、口感、外观等感官体验的要求日益提升，因此有必要通过加强食品感官体验技术的应用来显著提升辽宁食品的感官品质。建议鼓励省内高校、科研院所加快开展电子鼻、电子舌等食品感官评价技术的研发进程，特别是针对辽宁食品的特色风味，通过大模型训练来开发基于人工智能的食品感官评价系统，实现对辽宁特色食品气味、口感等品质的客观量化评价分析。支持省内食品企业与高校、科研院所联合建立食品感官品质联合研发中心，加大对新型传感器、大模型平台建设等设备的投入，助力科研机构探索食品感官品质与加工工艺、原料属性、储运条件、消费者偏好等因素的关联规律，将智能感官技术应用于食品研发、质量控制等领域，进而指导辽宁风味食品配方的优化和新产品开发。

（3）推动3D打印技术在个性化食品定制中的应用

3D打印食品能够突破传统食品加工工艺限制，生产出个性化、定制化的创新食品。建议支持省内食品企业与3D打印企业、高校、科研院所开展深度合作，鼓励龙头食品企业建设3D打印食品研发中心，攻关研发3D打印食品专用设备和材料、3D打印食品创意设计、个性化定制等关键技术。推动3D打印食品在医疗、养老等特医特膳食品领域应用，研制针对特定人群的功能性定制食品。鼓励有条件的企业建设3D食品打印体验店，为追求食品消费新时尚的顾客提供个性化食品定制服务。同时，要加强3D打印食品质量的安全监管力度，建立3D打印食品原料标准体系，严格规范3D打印食品生产流程，确保3D打印食品的安全性。

（4）建设食品产业质量安全管控的区块链溯源平台

建议将区块链技术应用于辽宁食品产业安全监管体系中，依托区块链技术的分布式存储、防篡改等特性，在种植养殖、生产加工、仓储物流、零售消费等各环节利用物联网设备采集质量安全数据，政府会同产业链上的相关主体共同建设食品产业区块链溯源平台。鼓励省内食品龙头企业牵头建设区块链溯源联盟，引导食品产业上下游企业加入联盟，共同构建基于区块链技术的辽宁食品质量安全数据链，实现辽宁食品从农田到餐桌的全链条可追溯，确保所有省内食品来源可查、去向可追、责任可究。同时，政府有关部门要积极参与食品区块链溯源平台建设，打通食品监管数据与企业数据，实现食品质量安全全程智慧监管。

（5）发展基于人工智能的智慧食品检测技术

建议辽宁食品产业发展基于人工智能的食品检测技术，解决传统食品检测方法耗时长、效率低的瓶颈问题。为此，可以支持省内食品检测机构与人工智能企业开展深度合作，利用视觉识别、人工智能等技术研发智能食品感官检测设备，实现食品外观、气味等感官指标的快速识别和智能分级。鼓励省内食品检测机构建设智能食品理化检测实验室，采用智能化样品处理设备、高通量检测仪器等先进装备，结合人工智能算法优化检测流程，提高食品农残、重金属等有害物质的检测效率。支持第三方检测机构创新服务产品，利用大模型训练构建家庭便携式食品检测设备，为居民提供便捷、高效的检测服务。

5.3 人才链、资金链、产业链与创新链的深度融合

5.3.1 构建“三角锥模型”的四链融合格局

通过构建以“人财物”为基础底座、以“创新链”为顶点的三角锥结构的集成化创新生态系统模型，将人才链、资金链、产业链与创新链深度耦合，实现食品产业资源的高效配置与创新价值的跃升，具体构成如图 5-1 所示。

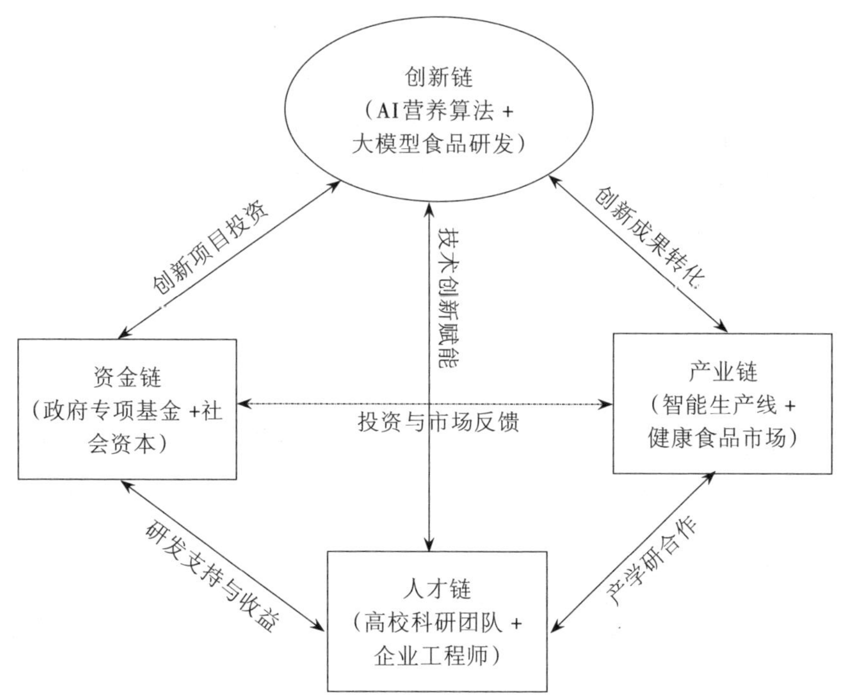

图 5-1 食品四链融合的“三角锥模型”

该模型由政府、企业、高校及科研团队共同构成底座，通过构建多方资

源集聚平台，为食品产业创新提供物理、资金、技术、人才等资源支持。产业链是以食品原材料供应、生产加工、流通销售到终端消费的上下游环节为基础形成的技术经济关联链条，涵盖了农业种植、食品加工、仓储物流、品牌营销等各个环节，由龙头企业主导资源整合并且依托市场需求驱动上下游协同发展。资金链由政府财政资金、金融机构信贷、社会资本和企业自有资金等多层次融资渠道构成，为食品技术研发和产业升级提供资金支持。人才链涵盖了人才培养、引进、使用到激励的全周期链条。该链条上由高校负责培养食品专业人才，由企业吸纳并使用高端技术人才，由政府通过制定政策来激励人才流动。产业链上实现的增值收益可以通过税收、股权分红反哺资金链和人才链，形成创新投入、市场回报、再投入的闭环发展格局。

模型的顶点是创新，也是所有资源的最终指向，将聚焦AI技术、大模型驱动的食品技术突破，拉动底座资源向高价值方向聚集，进而不断推动食品产业的技术突破和市场拓展。创新链覆盖了基础研究、应用开发、中试验证到产业化推广的全过程，由高校和科研机构负责基础研究，企业主导技术转化，政府提供政策支持，共同构建协同创新体系。

该“三角锥模型”通过底座基础的人才链、资金链、产业链的资源整合与顶点创新链的牵引，将四链从线性协作升级为立体化创新共生系统，其中产业链是根基，而创新链是动力，资金链和人才链则成为关键要素。该模型具有双向反馈机制，由创新链的突破来推动产业链升级，由产业链的市场需求来反向驱动人才链培养方向。例如，当创新链上AI营养分析算法优化产业链上的功能性食品开发过程时，将吸引资金链上的社会资本投入，进而倒逼高校开设AI食品专业来调整人才链走向；当市场对低糖预制菜的需求提升时，将会由此推动政府设立专项基金，资助高校研发代糖替代技术，并定向培养该方向的食品人才。

该“三角锥模型”通过区块链、AI决策系统等数据中台实时监测四链运行状态，根据人才缺口、资金流动性、技术成熟度等变化情况，动态调整食品产业创新系统的资源分配，也可以根据食品市场的成熟度动态调整各链条的权重。模型可以针对不同的食品产业来定制各类子模块，例如在“海洋食品”子锥体中增加冷链物流链，当监测到海参加工企业普遍存在某种问题时，模型自动触发省内相关高校大连工业大学增设有效解决该问题的相应课程，同时政府定向补贴企业采购智能检测设备，科研团队开发基于机器视觉的AI分拣算法，帮助食品企业升级生产线进而解决问题。

5.3.2 建立依托数据中台的四链协同创新智能驱动机制

建议分别在沈阳、大连建设四链协同的数据中台，作为“三角锥模型”运行的实体化载体。沈阳数据中台集成省内的政策支持、资金投资、人才培养等资源，作为辽宁省食品产业数据汇聚中心，为全省的食品产业提供服务；大连数据中台专注于海洋食品、智能生产线、冷链物流等行业数据的整合。需要明确沈阳和大连数据中台的核心功能和服务对象，确保功能设计既契合当地的产业特色和发展需求，又能带动省内其他地市资源有效整合，构建数据源采集的协同工作机制。

该数据中台可以整合来自食品产业各渠道的数据，对产业链的生产和市场数据、资金链的流动数据、人才链的培养招聘与流动数据、创新链的研发成果数据等进行实时采集，使用分布式数据库技术进行数据存储和管理，通过数据分析模型对各链条的数据进行深度挖掘，精准预测市场需求、技术趋势、资金流向、人才需求等。数据中台可以利用区块链技术确保各个链条上数据的真实性和不可篡改性，最终通过仪表盘展示四链运行状态和关键绩效指标，为各方决策者提供实时动态分析结果。例如，通过AI大模型与机器学习算法实时分析产业链的市场需求数据，据此预测特定功能性食品的市场需求，并实时调整四链的资源分配，促进技术研发、资金投资及人才培养的动态优化调整。

该数据中台上可以开展基于AI决策系统的数据分析，设计动态资源分配算法，能够根据产业链的实际需求，自动调整资金链的资金流向和人才链的人才培养方向，以及创新链的研发内容。根据数据中台对四链运行情况的实时监控和分析，当某一链条出现问题时，系统会自动触发预警并提出解决方案。例如，当技术研发进度滞后时，中台根据产业链需求和人才链基础，自动提示资金链增加资金投入，支持创新链加速研发，同时推动高校调整培养方向或者引进相应人才。此外，数据中台可以自动采集四链合作需求的数据，自动生成协同项目的匹配推荐方案。例如，当食品消费需求发展显著变化后，系统会自动推荐相应的创新项目，提示高校及时新开课程或者补充现有课程内容，同时发布企业进行技术升级的建议，并建议政府部门应增加专项资金的支持。数据中台不仅具备监控单个链条的运行状态的功能，还支持跨链项目之间开展协同合作，据此所有相应的利益主体都可以在平台上进行项目协作与进度跟踪。此外，针对不同食品产业，例如海洋食品、预制菜等，数据中台能够提供定制化的子模块支持，每个子模块可以根据特定行业的具体需求，定制相应的资源配置和调整规则。

5.3.3 设立四链融合的制度、组织和人才保障机制

建议出台推动食品产业四链融合的相关政策，激励企业、高校、科研机构等主体积极参与四链融合创新，设定融合发展目标、重点任务、支持方向和保障措施等，明确各方在产业链、创新链、资金链和人才链中的责权利，为创新收益分配、数据共享、违约追责等制定规范。推动科技、财税、金融等领域配套四链融合政策的衔接落地，充分发挥政策在创新资源配置中的指导作用。对通过数据中台开展共性技术研究的科研机构，给予税收减免、政府采购、研发项目合同等多种形式的支持。设立食品产业四链融合发展的专项资金，对参与四链融合的企业、高校和科研机构给予财政补贴和税收优惠。在推动沈阳、大连两地四链融合数据中台发展的基础上，探索省内区域间协同开展四链融合的制度保障机制，推动各地实现政策的衔接互认，降低

跨界创新主体间的交易成本和资源要素的流动成本。此外，建立四链融合的标准化的合同管理体系，规范企业、高校、科研机构等之间的合作，明确各方在研发、资金投入、技术转化等环节中的权益与责任，避免法律纠纷对四链融合的不良影响。

在组织层面，建议成立省级“四链融合领导小组”，由政府相关部门、食品行业协会、领军企业负责人、高校和科研机构相关负责人组成，统筹解决诸如高校科研成果与企业需求的错配等跨链资源冲突，负责政策制定、资源整合、项目审批、监管协调等具体工作，制定各方参与四链融合的责任清单，形成高效协同的工作机制。培育和发展一批专业的食品产业中介服务机构，包括技术转移中心、知识产权服务中心、人才猎头公司等。

在人才保障方面，建议支持省内相关高校设立“四链融合实验班”，由高校教授、企业家、工程师等专业人员开展联合授课。相关高校可以根据四链融合数据中台的协调方案，具有及时更新课程内容的便利和权利，能够根据四链融合任务将人工智能、大数据、区块链等前沿技术融入课程体系。按照四链融合的要求，深化产教融合，通过共建产业学院、实训基地，采用订单式培养、现代学徒制等方式，深入推进校企联合培养模式，培养既懂食品科学又掌握人工智能等新兴技术的复合型人才。此外，建立以创新贡献和绩效为导向的激励机制，对在四链融合中做出突出贡献的人才给予绩效奖金、股权激励、项目分红等奖励。

5.4 推进学科大融合、构建创新大平台、实施产业大战略

5.4.1 构建全产业链赋能生态系统的大平台

辽宁食品工业发展的关键在于构建完整、稳定的产业生态链，使各参与

主体获得可预期的回报。为此，辽宁需要大力推动高校与科研院所之间，高校与政府、企业之间的深度合作交流，共同打造三大核心平台：原料集采平台、技术共享平台和市场对接平台。原料集采平台旨在整合全省丰富的粮食、水产等农业资源，实现规模化采购，有效降低企业原料成本，保障供应稳定性；技术共享平台通过建立食品工业中试基地，弥补中小企业研发短板，提供从实验室到产业化的全流程技术支持；市场对接平台则搭建数字化产销联盟，精准匹配供需关系，降低市场交易成本。

大连工业大学牵头与大连海洋大学共建的大连金石湾实验室就是这一理念的有效实践。该平台覆盖从品种选育到精准加工、贮运与安全控制的全产业链环节，有效带动上下游企业集群式发展。在平台建设过程中，必须特别强调“风险共担机制”：政府以产业基金撬动社会资本投入，企业以订单农业模式锁定上游原料供应，科研机构则通过技术入股方式分享产业发展收益。只有让产业链布局完整、供应链稳定有序，且确保每个环节参与者都“有利可图”，才能形成企业集聚—行业壮大—生态繁荣的良性循环发展态势，为辽宁食品工业大省建设提供坚实基础。

5.4.2 以学科交叉重塑产业创新基因的大融合

食品工业高质量发展的本质是满足人民日益增长的美好生活需要，提供多元化、个性化的食品消费产品。而这一过程的核心竞争力源于从实验室到生产线的无缝对接能力。辽宁高校在此过程中的使命，不应局限于“闭门造车”的学术研究，而是要主动接受市场需求，倒逼科研方向，构建需求发现—技术攻关—成果转化的完整创新闭环。实现这一目标，需依托“四链融合”方法论，即在深入系统研究消费市场的基础上开展有针对性的科研工作，以创新链突破关键核心技术，以产业链作为发展动力载体，以人才链培育“工程师+企业家”复合型团队，以资金链引导社会资本投向高附加值领域。

大连工业大学在海产品精深加工领域的探索已成为学科融合的典范，以海参产业为例，通过朱蓓薇院士团队的科技攻关，发明和应用海参自溶酶控制技术后，催生出我国海参深加工产业，使海参单品产值超过400亿元，成为水产品中单品产值最大的品种。而在海洋水产品中，海参产量仅占1.3%，鱼类、甲壳类、贝类、藻类等大宗海产品大多仍停留在初级加工层次，蕴含着巨大的精深加工开发潜力。

辽宁要从食品工业“跟跑者”转向“领跑者”，必须打破传统学科壁垒，促进食品科学、机械工程、大数据、设计、营销等专业在产业需求中交叉融合。应充分发挥省内教育资源丰富、综合实力雄厚的优势，使各高校树立“服务辽宁就是服务中国式现代化”的共识，将学科特色及研究方向建立在与振兴需求和资源禀赋紧密结合的基础上，以生产力发展需求为导向，聚焦4个万亿级产业基地和22个重点产业集群，促使学科发展精准对接市场定位，实现教育链、人才链与产业链深度融合，形成对全省各主要产业上下游的全面赋能效应。

5.4.3 制定以品牌矩阵撬动万亿级市场的大战略

产品的终极竞争力体现为品牌价值。辽宁食品工业要实现质的飞跃，亟需一场从卖原料到卖品牌的产业革命。这一战略转型应围绕区域特色资源优势，打造多元化的品牌矩阵：“辽菜”品牌需深度挖掘本土饮食文化精髓，推动非物质文化遗产烹饪技艺的工业化转化；“辽鲜”品牌可整合大连鲍鱼、盘锦河蟹等优质海鲜水产资源，打造以先进冷链物流体系为支撑的鲜活产品体系；“辽珍”品牌则聚焦人参、鹿茸等辽宁特色珍稀资源，开发功能性食品等高附加值产品品类；“辽礼”品牌针对节日消费市场，设计具有鲜明地域文化符号的伴手礼套装产品。

品牌战略的本质是用户体验升级，只有让消费者愿意为“辽宁制造”所承载的情感价值和文化内涵买单，产业才能真正跳出低价竞争的泥潭。辽宁食品工业大省建设应坚持市场导向、需求牵引，资源聚合、品牌突破，科技赋能、价值跃升，链式发展、生态共建的战略方针，形成需求精准洞察→技术持续迭代→产业有机协同的发展闭环，实现从单纯规模扩张向质量效益提升的转型升级，最终建成具有全国影响力的食品工业高地。

6

因链施策锻造特色集群

6.1 关于做强辽米产业的建议

服务全面振兴，高校使命在肩。大连工业大学以“服务国家消费产业、塑造国民品质生活”为使命，坚持扎根辽宁大地办学，把育人定位、学科特色和研究方向建立在与全面振兴需求和辽宁地方资源禀赋的紧密结合上，为助力食品工业大省建设，积极发挥学校朱蓓薇院士团队、海洋食品加工与安全控制全国重点实验室、国家海洋食品工程技术研究中心等大团队、大平台，以及艺术设计、包装材料、大数据管理等多学科交叉融合系列优势，将“工大所能”转为“工大所为”，服务辽宁所需，围绕助力做强辽米产业，制订此工作方案。

6.1.1 背景与目标

（1）背景分析

中国是全球大米的第一生产国，产量占到全球总产量的29%，消费量逐年增加，2024年大米行业市场规模超过7 400亿元人民币。随着人民生活水平的提高，在健康化、个性化消费趋势的推动下，大米行业市场规模持续增长，竞争格局不断优化，一方面，行业集中度将进一步提升，另一方面，行业赛道也将不断细分，呈现更加注重安全卫生、健康营养、方便易烹及提供情绪价值等新趋势，小包装、高端化、预制化、定制化、创意化产品市场前景良好。

东北地区拥有世界上仅存的三大黑土区之一，肥沃的土壤、充足的日照、丰沛的水源，造就了东北大米与众不同的口感，其味道浓郁、软糯回甜、富有嚼劲，放凉后不会变硬、回生。目前，东北大米行业市场规模约为1 200亿元人民币，其中辽宁省约占15%的市场份额。

辽宁省作为全国13个粮食主产省之一，地处农业生产黄金纬度带，黑土地滋养，天然水浇灌，稻米文化历史悠久。“盘锦大米”“辽中大米”“桓仁大米”各具特色。辽宁省稻米在生物组分和生物特性方面表现出较高的品质，特别是在优质率、碾磨品质、外观品质、营养与食味品质等方面具有明显优势，但目前产量在东北三省中比例偏低。同时，辽宁还盛产各类优质杂粮，有百余品种，辽西地区被誉为“中国杂粮之乡”。随着杂粮养生保健功效逐渐被消费者认可，市场对各种杂粮产品的需求正不断提升。

在上述背景下，辽米产业正迎来弯道超车的新发展机遇，要迅速克服产量规模占比率低、品牌认知度低、产品附加值低的“三低”问题，可有的放矢、调整思路打造“三化”新优势：一是打造集团化优势，化零为整，将省内各地稻米资源和零散品牌进行系统整合，集成建强辽米区域公共品牌，促进产业集聚和龙头企业培育，提升产业融合度和核心竞争力；二是打造组合化战略，以现代家庭餐食消费需求为导向，推动稻米与杂粮形成优势组合，并牵引带动配套辽菜，构建辽宁特色美食系列组合方案；三是打造场景化优势，通过精深加工科技赋能，整合辽米产业链各个环节，将农产品原材料优势转化为食品产业优势，通过提供符合多元消费场景的个性化产品，激发新的商业模式和服务模式，推动产业创新和升级，实现从第一产业到第二、第三产业的转化，提升产品附加值。

（2）主要目标

提升辽米品牌建设成效，合力打造品质过硬、特色突出、竞争力强的区域公用品牌，形成一批质量卓越、优势明显、拥有自主知识产权的企业品牌，品牌产品市场占有率、消费者信任度、溢价能力明显提升。

以辽米项目带动杂粮、辽菜相关产业协同发展，推动全省优势食品产区规模发展壮大，地方特色食品工业发展质量和效益提升，形成一批具有国内乃至国际影响力的头部企业和一批优势特色产业集群，产业融合发展水平显著提高，行业企业利润率从当前的0.5%～1%，在五年内提高到接近2.7%的全国平均水平，一体推动县域经济、民营经济、海洋经济高质量发展，为食品工业大省建设塑造新优势，支撑新时代“六地”建设，加快打造万亿级优质特色消费品工业基地。

6.1.2 思路与举措

（1）打造特色化辽米品牌

• 辽米区域公共品牌

辽米区域公共品牌建设应充分发挥政府在推进区域公共品牌建设中的引导作用，通过纳入省级层面的国民经济和社会发展规划，统筹各地分散的稻米资源，形成集群效应，以省市县逐级政策扶持和多方联动，创造有利于培育和发展品牌的平台和环境。制定并严格实施品牌授权管理办法，构建辽米生产标准和质量控制体系，对符合条件的企业进行授权，提供背书和支持，从而提高辽米特色产业竞争力。

• 辽米企业品牌及产品品牌

发挥企业主体作用，对获得辽米区域公共品牌授权的企业，制订企业品牌、产品品牌培育计划，建设品牌管理机构和运营团队，推进生产技术迭代和产品质量升级，促进产品设计、文化创意、技术创新与品牌建设融合发展，形成企业与研发平台、数据平台、电商平台、宣发平台等一体化合作关系，提升企业护牌用牌内生动力和辐射带动能力，全力打造“明星”企业与“爆款”产品。

• 品牌内涵

辽宁山川秀丽，河海交融，在辽宁大地孕育出的辽米品牌，不仅要突出独特品质与健康价值，还应充分彰显“山海有情 天辽地宁”的文化内涵。要突出彰显辽米的“山”“海”地理特征与重情重义、真诚热情的人文特征，系统挖掘辽宁各地非物质文化遗产、历史文化、红色文化、饮食文化、节庆文化、乡风民俗等元素，进一步转化为产品形象、品牌故事、IP策划，推动食品企业与文创企业跨界合作，开发食品包装、食品器皿等文创衍生品，提升辽米产品情绪价值。

• 品牌细分

将辽宁地域文化元素融入产品工业设计中，打造辽米品牌识别体系，提升品牌的视觉形象和增强消费者的品牌认知。针对运动产品、健身产品、旅游礼品等，分类设计品牌形象。通过市场调研和大数据分析，深入了解消费者的痛点和需求，以此为基础进行产品个性化设计，考虑辽米产品与人、环境以及市场的关系，使产品不仅具有功能价值，更具有情感价值和象征意义，提升用户对品牌的满意度和忠诚度，进而提升品牌美誉度。

通过辽米品牌塑造，推动以“辽字号”区域公用品牌为引领、以企业品牌为主体、以产品品牌为基础，以辽宁地理标志农产品、地方传统特色美食为切入点，发挥辽米品牌牵引作用，一体辐射带动辽菜、辽果、辽畜、辽鲜等品牌创建，形成辽宁食品产业品牌矩阵，多角度汇合形成推动高品质文体旅融合发展合力，形成辽宁的闪亮名片。

（2）打造多元化辽米产品

围绕新消费趋势，针对不同消费场景，可以从以下几个方面进行辽米产品开发：

• 主食产品开发

多样化主食：开发不同种类的大米和杂粮主食，如糙米、红米、藜麦等，以满足消费者对多样化主食的需求。定制化主食：针对特定人群（如儿童、老年人、运动员）开发定制化的主食产品，满足其特定的营养和健康需求。

• 速食产品开发

自热食品：针对“宅经济”“懒人经济”消费需求，开发自热米饭、自热粥品等，同时满足户外探险、徒步等户外活动及应急场景的需求。

方便速食：推出冲泡类、快煮类方便食品，满足快节奏生活下消费者对便捷食品的需求。

• 粥产品开发

多功能粥品：开发具有特定健康益处的粥品，如养胃粥、减肥粥等，满足消费者对健康粥品的需求。

• 养生产品开发

低GI食品（指产品含可利用碳水化合物，且血糖生成指数低于55（含）以下的食品）：针对糖尿病患者和健康意识强的消费者，开发低GI大米和杂粮产品，如慢糖吐司、低GI面条等。

健康主食：推出富含全谷物和膳食纤维的主食产品，如全麦面包、燕麦粥等，满足消费者对健康饮食的需求。

• 健康产品开发

控糖塑形产品：开发有助于控制血糖和体重管理的食品，如低GI饼干、低糖或无糖的饮料等。

通过上述产品开发方向，可以满足不同消费者群体在速食、养生、健康、控糖、塑形等方面的多样化需求，同时也能够覆盖不同的饮食场景，如家庭用餐、户外野餐、健康饮食等。

（3）打造升级化组合产品

以辽米为牵引，整合辽宁全地域、全品类、全维度农产品，开发“食辽”主题产品。同时，挖掘和利用辽宁特色本草食材，以“药食同源”理念，开发具备功能活性的“食疗”主题产品，实现产业高端化发展。可以从以下几个方面进行产品开发：

• 结合“山海有情 天辽地宁”定位，打造“山”“海”特色“食辽”系列产品

山：利用辽宁的优质稻米、杂粮资源，以及丰富的林特资源，开发“山珍”特色食品，如稻米糕点、杂粮面包、杂粮营养饮品，森林食品罐头、干制食品、休闲食品等。

海：结合辽宁沿海的地理优势，开发以海鲜为特色的“海味”特色食品，如海鲜粥、海鲜炒饭、海鲜糯米团、海鲜粽子、海鲜米线等。

• 药食同源日常康养“食疗”系列产品

药食同源产品：开发含有药食同源成分的大米和杂粮产品，如山药大米、枸杞杂粮粥，以及人参、鹿茸等相关功能活性产品等。养生米：针对老年人群体，开发易于消化、营养丰富的养生米产品，如胚芽米、糙米食品等。健康杂粮：开发富含蛋白质和微量元素的杂粮产品，如黑豆、红豆食品及杂粮饮料等，满足健康饮食需求。

通过上述开发策略，可以充分利用辽宁的地方特色农产品资源，从“食辽”到“食疗”，打造一系列具有地方特色和健康价值的产品，满足消费者个性化需求。

（4）打造场景化拓链产品

以满足消费场景化升级为导向，将产品与流行趋势下的新消费场景紧密结合，提升消费者的体验，在家庭、商务、旅游、聚会等不同场景中推广辽米系列产品，提升产品的附加值和市场竞争力。

• 打造辽米的配套主菜产品

主食和配菜的搭配是中国传统饮食文化。辽米作为主食，主要提供碳水化合物，是人体的主要能量来源，而配菜则可提供蛋白质、脂肪、维生素、矿物质等营养素。打造辽米的配套主菜产品，既符合文化传统，又可实现营养互补、口味平衡，有助于满足消费者对健康饮食、烹饪便捷、经济实惠的需求。

组合预制饭菜：推出以大米和杂粮为基底的预制菜，如杂粮炖肉、大米拌饭等，方便消费者快速准备主菜。健康主菜：开发低脂、低盐、高纤维的主菜产品，如杂粮炒蔬菜、大米蒸鱼等。健康小菜：开发低盐、低糖、高纤维的小菜产品，如腌制蔬菜、豆类制品等，作为大米和杂粮主食的健康搭配。即食小菜：推出即食型的小菜产品，如即食海藻、即食豆腐干等，方便消费者快速准备餐食。

• 打造辽宁美食全家福延伸产品

围绕主食与菜品相辅相成的饮食文化关系，从方便消费者佐餐搭配、营养互补、口味平衡、经济实惠等角度，由辽米产品开发，进一步拓展到辽菜工业化开发，以打造辽宁美食全家福系列延伸产品为目标，可以从以下几个方面进行产品开发：

家庭全家福产品：为单身家庭、二人世界、三口之家、祖孙三代等不同家庭，打造包含主食、菜品、粥类、佐餐零食、配套调味品的预制食品套装，满足不同类型家庭日常消费需求。

辽宁全域全家福产品：辽北餐：以辽宁北部的大米、杂粮为主，结合当地山珍如榛蘑、黄蘑等，开发具有山林特色的食品产品，可以推出以大米为主食，搭配山珍炖菜的套餐。辽中餐：利用辽宁中部的优质杂粮，如小米、高粱等，结合地方特色菜肴，如锅包肉、熘肉段等，开发具有浓郁地方风味的食品产品。辽西餐：以辽宁西部的杂粮和畜牧产品为主，开发如牛肉干、熏肉等便携式食品，突出辽西的畜牧产业特色。辽东餐：结合辽东地区的海鲜资源，开发海鲜全家福系列产品，展现辽东的海洋特色。辽南餐：以辽宁南部的水果和蔬菜为主，开发健康轻食系列产品，如果蔬干、果蔬汁等，突出辽南的果蔬产业优势。

节庆全家福产品：辽宁海鲜全家福：结合大连等地的海鲜资源，如海参、鲍鱼、海螺等，开发适合节庆的海鲜礼盒，满足节日市场的需求。辽宁陆地全家福：以辽宁的大米、杂粮和畜牧产品为主，如法库牛肉、朝阳小米等，开发陆地特色食品礼盒，适合作为节日礼品。

将上述食品产品进行整合，形成具有辽宁特色的礼品系列，如“辽礼·海鲜盛宴”“辽礼·五谷丰登”等，通过精美的包装和文化植入，提升产品的附加值和市场竞争力。

• 打造“辽礼”系列组合产品

将辽米、辽菜、辽鲜、辽畜、辽果五大系列融合，通过辽米重点突破带动地方特色农产品加工业整体提升，以彰显辽宁地域食材富集、禀赋突出为目标，打造“食在辽宁”组合产品，以彰显辽宁文化真诚质朴、豪爽大方为目标，打造“实在辽宁”组合产品。可以从以下几个方面进行产品开发：

礼盒套装：将辽米、辽菜、辽鲜、辽畜、辽果的代表性产品组合成礼盒，作为节日礼品或商务礼品。

旅游套装：针对来辽宁旅游的游客，开发包含辽宁特色食品的旅游套装，方便游客购买和携带。

健康套装：针对健康饮食需求，开发低糖、低脂、高纤维的杂粮和大米组合套餐。

文化体验套装：结合辽宁的地域文化，开发包含辽宁特色食品和文化故事的体验套装，提升消费者的文化体验。

通过上述组合产品开发，可以有效地推动“食在辽宁”与“实在辽宁”的品牌建设，带动辽宁特色食品的整体发展。

（5）打造辽米产业链新业态、新生态

• 发展配套包装新业态

包装不仅是确保食品品质的保护层，也是品牌传播、市场营销和消费者沟通的重要媒介。随着技术的发展和消费者需求的变化，包装设计和材料也要随之创新，以刺激消费者购买欲望，促进绿色低碳循环发展，增加高端产品附加值。以辽米产业带动因地制宜发展配套包装产业，可以从以下几个方面进行产品开发：

日常消费包装：基于复合软包装单材质化技术，采用单向拉伸聚乙烯膜（MDOPE）、复合尼龙复合膜（NY/PE）进行真空包装，实现辽米包装防潮、耐冲击，以及在寒冷环境中真空袋不漏气、不变脆、不破裂的防护功能。该包装回收后可重新塑造成高品质再生塑料。

高端消费包装：基于“以纸代塑”技术，将仿生设计的创意结合纸浆模塑用于辽米包装，突出甘蔗渣和竹纤维原料纸浆模塑的质感、轻便、形态万干的特征，提升产品高端形象，实现包装生物全降解。

个性化消费包装：基于可持续包装设计理念，将稻米处理过程中产生的稻壳作为主要原料，将来源于生物质中的木质素作为胶黏剂，压制成硬度、致密度高的结构用作包装材料。通过将天然废料再生设计，最大程度地发挥每一颗稻谷的效用。采用极简设计，使用压印工艺在包装表面形成浮雕效果。该生态包装还具备包装以外的功能，可用作储物盒、纸巾盒等。

• 推动辽米与文旅深度融合形成新生态

将稻米产业与文化旅游深度融合，形成“农文旅”融合发展新生态。

建设稻米文化展示园区：结合特色辽米产品原料种植养殖基地，发展共享农庄、农耕体验、乡村民宿等业态，打造集稻米种植、稻田艺术、稻米文化、休闲互动于一体的新型稻米文化田园综合体。

打造稻田艺术景区：打造集稻田管理、产学研究、民俗旅游等于一体的稻田艺术景区，积极创设包括食品品鉴、文化创意、社群交往等功能于一体的地方特色辽米消费场景，推出水稻研学、休闲农业等多元化文旅活动，提供沉浸式、体验式、互动式等多元化的消费体验。

综上，根据我国大米消费趋势变化，通过打造特色化辽米品牌、多元化辽米产品、升级化组合产品、场景化拓链产品，以及发展相关新业态、新生态，推动辽米产业从传统农业向现代化、品牌化、高端化转型，提高行业企业利润率，满足现代化消费需求，更好地推动区域经济发展。

6.2 关于大连加快发展预制菜产业的建议

为落实中国共产党大连市第十三次代表大会提出的“建设东北亚海洋强市”目标，根据对我国食品工业未来发展趋势的判断，就建议大连市加快发展预制菜产业形成研究报告如下。

6.2.1 我国预制菜产业发展背景及现状

消费是畅通国内大循环的关键环节和重要引擎，随着国内消费需求不断升档，与人民美好生活息息相关的轻工业迎来发展新机，其中食品行业占轻工业营业收入总量的40%（辽宁约为80%），领跑居民消费支出，而预制菜则作为食品工业发展的新兴产业被推上时代风口。

预制菜的发展是家庭生活便捷化和食品市场全球化的必然结果，顺应了新时代注重食品安全卫生、营养健康、风味保真、多元选择等消费趋势，加之疫情也成为预制菜产业发展的催化剂，使其逐渐从B端走向C端，从线下走向线上，从地方走向全国甚至全球。2021年我国预制菜市场规模约为3 459亿元，同比增长18.1%。预制菜产业的飞速发展正在重构我国居民食品消费习惯。据目前的形势判断，该产业未来几年将以井喷式发展速度实现规模急剧扩增，短期内刺激食品消费大幅增长并扩大市场份额，预计“十四五”之后将达到数万亿元市场量级，并延伸、衍生出相关产业链。同时，由免征增值税的农业领域升级到工业制造领域及零售业和服务业，将大幅度提高税收额度，对于GDP的贡献不言而喻。

2022年被称为预制菜元年，从中央到地方，预制菜产业发展引起高度重视。2022年1月，国家发展改革委发布“鼓励制售半成品和净菜上市”的通知。2022年4月，由农业农村部指导的中国预制菜产业联盟正式成立。广东、山东、福建等地竞相推出预制菜产业发展政策。2022年3月，广东省印发《加快推进广东预制菜产业高质量发展十条措施》，提出加快建设在全国乃至全球有影响力的预制菜产业高地，并开始建设总占地面积7 000亩的粤港澳大湾区预制菜产业园；4月，山东省潍坊市出台三年行动计划，提出打造“中华预制菜产业第一城”目标，计划未来全市预制菜全产业链规模将突破3 000亿元；6月，河南省提出力争实现预制菜产业规模三年翻两番，并于2025年建成具有世界影响力的万亿级现代食品集群的奋斗目标，原阳、漯河两地分别举办中国（原阳）预制菜行业大会和河南省预制菜产业发展推进会议。

大力发展预制菜产业不仅对于食品工业转型升级和换道领跑具有重要意义，同时也吸引了农业、餐饮、电商、零售、物流等各类企业抢滩涌入该万亿级市场，对做长产业链、发展数字经济、促进就业和推动乡村振兴带来一系列积极的连锁反应。

6.2.2 大连发展预制菜产业的形势和优势

大连地处黄金纬度，海洋生物资源产量大、品质优，在各地纷纷以发展预制菜为引擎推动食品工业升级之际，大连预制菜产业面临重大机遇窗口期，不进则退，慢进亦退。各地在大力推动预制菜产业发展的同时，也展开激烈的市场营销竞争，不仅以鲁、粤、川、闽等传统菜系和地方风味为招牌，还在陆海食材原料多元开发方面做足文章。因此，大连应抢抓预制菜发展机遇，快速兴起产业、推出系列产品，才能在居民消费认同和消费习惯形成初期发挥影响、奠定地位并赢得市场份额。

目前，大连发展预制菜产业具有十分显著的优势。

一是原料优势。中式预制菜既有工业化生产的统一标准，又有很强的地域化特征，大连海鲜驰名全国，因此，开发中高端海产类预制菜产品，大连在上游原材料领域掌握绝对话语权，并可通过预制菜进一步擦亮城市名片，增强文化认同。

二是政策优势。大连市海洋发展局于2022年6月9日挂牌成立，体现了大连市委市政府对海洋战略的高度重视，为向海发展、向海图强搭建了高标准政府平台，必将有利于优化海洋资源要素配置，对升级现有海产加工企业，加快构建预制菜新兴产业体系具有强有力的政策引领作用。

三是科技优势。大连工业大学朱蓓薇院士团队在21世纪初期便开始从事中餐工业化研究，至今已在水产品、预制菜等技术领域承担国家重点研发专项等各类科研项目100余项，扎实构建了支撑预制菜产业高质量发展的一整套核心关键技术体系，研发的几大系列几十种预制菜产品在全国多家龙头企业实现生产并广受市场青睐，成功开创了中餐饮食产业的标准化、工业化和规模化新局面。基于预制菜及相关研究成果，其获国家科技进步奖二等奖2项，国家技术发明奖1项，省部级奖励30多项。此外，他们在参与全国多地预制菜产业建设过程中积累的大量实践经验，也将成为推动大连预制菜产业高起点开局的后发优势。

6.2.3 对大连发展预制菜产业的有关建议

一是将加快推进预制菜产业建设上升为全市经济发展战略层面。中国食品科学技术学会在2022年10月成立了预制菜专业委员会，并召开成立大会。广东、福建、山东、河南等多省闻讯后均积极申请作为“预制菜专业委员会”承办方进行注资举办，竞抢预制菜产业高地的态势接近白热化。预制菜分会首任理事长朱蓓薇院士怀着对大连的深厚情感和促进振兴的强烈责任感，与学校共同努力，争取到此次成立大会在大连举办，并策划同期召开海洋经济发展论坛，邀请国内相关领域院士等顶尖人才为大连市海洋经济发展建言献策。

中国食品科学技术学会下设的预制菜专业委员会的成立，标志着我国预制菜产业科技领域树立起引领性旗帜。我校朱蓓薇院士担任首任主任委员。该委员会的成立在业界内具有风向标式的重大意义，能够推进预制菜产业建设上升到全市经济发展战略层面，明确大连市预制菜产业规划，尽快出台相关扶持政策和系列配套措施。同时，参照广东、山东、河南等地的做法，建议由大连市海洋发展局参与承办，并设立专项进行资金支持。

二是大力推动预制菜产业研发平台建设。目前，学校近500亩新校区建设已完成土地平整，下一步将在此扩建国家海洋食品工程技术研究中心，正在积极申报组建的“海洋食品加工安全控制全国重点实验室”也将在此落成，以上述国家级平台为依托，可组建市级预制菜产业创新研究院，支持骨干龙头企业、重点园区联合国内外科研院所组建预制菜产业研究院和创新联合体，开展关键核心技术联合攻关。鼓励预制菜企业自建研发重点实验室、工程技术研究中心等，加快推动预制菜全产业链研发成果及技术转化，实现“基础研究—技术攻关—成果转化—产业示范”预制菜产业科技创新全过程衔接。

三是规划全市广泛建立预制菜重点基地。推动各地立足资源禀赋，聚力支持重点企业、重点园区、重点地区预制菜产业做强做优做大，以甘井子、开发区、庄河、瓦房店、旅顺等为重点，培育建设一批预制菜研发生产基地，形成产业集聚效应。

四是培育预制菜示范企业。以项目为牵引，开展预制菜头部企业梯次培育行动，分批打造示范企业（如亚洲渔港），实行“一企一策”，推动重点预制菜企业做优做强，提升产品研发、贮运流通、品牌培育、标准化生产等能力。完善预制菜中小企业孵化培育体系，引导预制菜中小企业向做“专”做“精”发展。

五是夯实预制菜产业人才支撑。高规格组建预制菜产业发展专家咨询委员会，大力培育和引进预制菜领域高层次研发人才，打造一批重点研发团队，构建科技派团、组、员三位一体的支撑模式，推动预制菜产业高质量发展。

6.3 关于大连依托海洋生物资源打造全国大健康产业中心的建议

6.3.1 大连海洋生物资源的优势

中国共产党大连市第十三次代表大会报告中提出，要把资源禀赋和比较优势转化为发展质量和核心竞争力，明确了“海洋经济总产值实现翻番”的未来发展目标。大连拥有东北三省首屈一指的区位优势，并且地处最适宜陆海生物生长的黄金纬度，在全球海洋城市中独具优势，深度开发利用海洋生物资源，是快速实现特色化错位发展的重要战略性选择，纵可贯通第一、二、三产业链，横可带动轻工、旅游、物流、医药等行业，预期“十四五”末期可实现新增千亿元以上经济产值，相关高新技术企业和科技型中小企业数量翻倍，中长期产业发展逻辑将顺应满足人民美好生活更高层次需要的要求，向健康产业升级，预期至2035年可助力大连市建成处于创新链上游的中国大健康产业中心，成为以优势特色立足的全球海洋中心城市。

提高海洋资源开发能力，是推动海洋经济向质量效益型转变的关键所在。海洋可供人类食用的食物储量是陆地食物资源的1 000倍，是未来解决人类人口、资源、能源等全球性问题的重要战略资源基地。此外，海洋生物资源含有陆地上动、植物不可取代的优质功能性成分，世界范围内已从海洋动植物及微生物中分离得到了近4 000种天然来源的生物活性成分，具有抗凝血、降血脂、增强免疫力、增强记忆力和思维能力以及延缓衰老等作用，在功能保健品以及生物医药开发方面处于开发起步的重要机遇期。由于纬度、水质、水温及海水含盐量的特殊性，大连的海洋生物资源品质非凡，盛产多种鱼、虾、蟹、贝、藻，是全国重点水产基地之一，拥有的部级水产健康养殖示范场面积占全省近90%，11种海产获批国家“农产品地理标志”保护，海洋第一产业产值达千亿元规模。

6.3.2 大连打造大健康产业中心的发展步骤

在此背景下，通过海洋科技创新引领，全面深度开发大连优质海洋生物资源，致力提高国民健康供给质量和服务水平，打造全国大健康产业中心，可分为三步走：

第一步，推动海产品加工由粗放型向精深型升级，新增和壮大一批新兴民营企业，形成规模化、产业化、品牌化生产，实现“十四五”期间渔业产值倍增，带来千亿规模效益。

2022年，辽宁海产加工率为67%，其中初级产品占加工总量的95%，且加工方式大量依靠机械脱水、制罐加工、浸渍加工等传统工艺，近六成下脚料等低值海洋生物资源（如鱼骨、内脏等）或被废弃或仅作为饲料使用，造成资源浪费、环境污染、能耗偏高且产品品质较低，加工增值率仅为10%～18%。而发达国家早在多年前海产品精深加工比例就已超过70%，加工增值率高达90%以上。例如：日本依靠现代精深加工技术，占据了全球鱼糜生产总量的50%以上，海藻食品类别达200多种；挪威的三文鱼行业实现了从养殖场到餐桌的全程一体化，推动在10余年里全球三文鱼市场需求量平均以6%的速度增长。我国“一带一路”倡议涵盖了世界上主要渔业国家，水产品总量达80%以上，这为我国海洋食品的科技创新与贸易合作创造了巨大发展机遇。在此方面，大连大有可为。

以海参为例，其营养丰富且药理活性十分广泛，但极易自溶。朱蓓薇院士经过科技攻关，发明和运用海参自溶酶控制技术后，开辟了一条具有高科技含量的加工新途径。大连在全国率先进行海参高值化利用技术的推广，催生出我国海参深加工产业，海参单品产值超过400亿元，成为水产品中单品产值最大的品种。在海洋水产品中，海参产量仅占1.3%，鱼类、甲壳类、贝类、藻类等大宗海产品依然大多停留在初级加工层次，蕴含着巨大的精深加工开发潜力。如果能加强海洋食品产业顶层设计与战略布局，统筹部署海洋食品全产业链创新，加快形成若干战略性技术和产品，必将带来巨大的产业增值。近期，国内部分水产类头部企业已大力推动水产品预制菜品的深度开发和市场推广，由于预制菜符合当今青年群体快节奏的生活方式，并且可有效降低餐饮企业房租、人工等成本，消息公布后，“预制菜概念”便成为股市“新宠”，带来多股涨停，足见市场预期热切。因此，随着精深加工率的普及，大连渔业经济总产值在“十四五”期间实现倍增、贡献千亿元规模

GDP的前景一片光明。

第二步，推动海洋生物资源利用由食品产业向保健产业拓展，以高水平科技创新驱动食品产业向健康产业延伸，在8~10年实现由高附加值产品带来的产值增长再翻一番，辽宁沿海农水产品加工产业进一步向大连集中，“两先区”示范带动作用更加突出。

当前，以功能性海洋食品为核心的多元营养健康食品供应体系已经成为食品行业中发展最快、活力最强、经济效益最高的产业之一，其强势发展必将辐射带动大健康产业从当前外在于人的环境、器械康养方式向内在于人的“药食同源”、高端医疗康养方式转变。

大连的保健食品产业已初具规模并建立了国内知名品牌，还拥有国家级生物医药产业园、医药上市公司以及众多高水平的医疗机构、医学教育与科研机构，这为从第一个维度海洋食品拓展到海洋功能保健品、特医食品提供了集群优势和研发优势。因此，在海洋食品产业实现精深加工基础上，可进一步推动高端产业链向生物医药与营养健康方向发展，将大连建设成为全国高科技健康产品的研发中心与营养健康产业高地。

第三步，推动大健康产业由蓝海粮仓向黑土粮仓辐射，由海洋生物资源高值化开发向东三省农畜产品辐射，推动作为粮食主产区的东北三省将第一产业优势升级转化为第二、三产业优势，在2035年前建成全国大健康产业中心，以更好地满足广大人民的美好生活需要，为健康中国建设做出重大贡献。

作为海洋经济新兴产业之一，海洋食品产业的持续健康发展是保障我国粮食安全的重要战略内容。以此为延伸，更加广阔的农畜资源综合开发利用有着不可比拟的巨大市场潜力，是全面实现“健康中国”伟大目标的必然选择。

大连背靠作为粮食主产区的东北三省，这也为从第二个维度拓展到粮食、蔬菜、水果、畜牧等陆地农畜产品精深加工化、康养保健化提供了资源优势和区位优势，同时可带动航运、物流、文旅等各行业蓬勃发展。

综上，大连依托海洋生物资源打造全国大健康产业中心优势突出、基础雄厚、前景广阔，是落实习近平总书记重要讲话精神，面向人民生命健康重大需求做出的战略回应，是逐条践行创新、协调、绿色、开放、共享的新发展理念的重要举措，是大连抢占海洋战略制高点，加快迈向“万亿GDP城市”新的经济增长极，也是推动打造未来渤海湾区经济带，建成具有独特优势和重要影响全球海洋中心城市的有效抓手。

6.3.3 大连打造大健康产业中心的发展建议

产业发展离不开创新驱动。上述三步走战略从科技支撑角度看具有较强可行性。目前，大连共有涉海领域工程技术研究中心40余个，其中大连工业大学的“国家海洋食品工程技术研究中心”是唯一的国家级技术研究中心，也是海洋食品产业领域全国唯一的最高科研机构，拥有朱蓓薇院士领衔的一批拥有国家级人才称号高水平科研团队，在海参、贝类、鱼类、虾蟹类、藻类等大宗海洋食品精深加工关键领域取得系列领先成果，连续摘得1次国家技术发明二等奖和2次国家科技进步奖二等奖，完成科研成果转化近200项，创造经济效益超100亿元。面对渔业加工长期以来零散化、低值化发展桎梏，学校自觉践行习近平总书记提出的科技工作要“坚持面向世界科技前沿、面向经济主战场、面向国家重大需求、面向人民生命健康”重要指示精神，落实市党代会建设海洋科技创新高地的重要部署，抢抓机遇，服务振兴。当前所做的几项工作可视为大连打造全国大健康产业中心战略的局部试点：

一是在部分区域推进海洋食品精深加工“扩面”行动。通过与甘井子区人民政府共建“甘创聚”食品创新发展研究院，与旅顺口区人民政府共建“高端功能保健食品产业园”，聚焦海洋类功能食品、保健食品、特医食品等重点方向，以提升产品附加值为牵引，逐步在大连沿海区市县推广海洋食品精深加工关键共性技术，助力拓展产业规模，扩增海产加工高端产品市场基数和产业辐射面。

二是在大型企业、新兴企业中开展科技孵化“强点”行动。依托学校获批的辽宁省科技成果转化中试基地——“营养健康食品中试基地”，以孵化为牵引，为全市骨干企业、新兴企业海洋食品精深加工产品升级提供科技支撑，致力打通产业上下游，形成以中高端产品为主，主料、废料一体化加工的全产业链。例如，学校承接国家重大科研任务开展的中餐工业化项目已经与亚洲渔港等大型餐饮企业实现对接，顺应消费趋势并克服疫情影响，以鱼虾贝藻等海洋食材类菜品的规范化、标准化生产工艺，使年轻一代消费端与供给端打通，开辟了巨大潜在市场，并且由此衔接了餐饮与物流、商贸、文创等产业。因此，通过逐个“强点”，最终可达到“连线”目的，催化产业链自身生长和彼此交汇。

三是推进由食品产业向大健康产业升级的“前锋”行动。在新校区积极筹划组建“大连市-大连工业大学·生物制造与营养健康产业科技创新中心”，服务大连在全省乃至全国率先成为“生物制造与营养健康产业”的技术产出高地和产业孵化基地，在海洋食品产业量级提升后，进一步提升产业能级，推动拉动催生高附加值的生物医药、生命健康等高端新兴产业蓬勃兴起。

四是围绕前沿关键核心技术开展“攻关”行动。学校正在组建的“省部共建食品科学与营养健康国家重点实验室”填补了东北三省该领域空白，将针对海洋食品科学与营养健康研究中需要解决的重大基础理论问题，围绕世界海洋食品科学与人体健康前沿和热点领域，加快催生一批具有引领带动意义的颠覆性技术，形成国际一流的海洋食品科学与营养健康基础研究能力和前沿技术攻克能力，开拓大连海洋食品和健康产业发展的创新源头，在大健康领域拓宽辽宁发展的科技空间，助力东北乃至环渤海经济圈建设，持续不断地创新支持我国海洋食品营养与健康产业的可持续、高质量发展。

在具体实施层面，我们有以下几方面参考建议：

第一，以市委层面站在全市发展战略高度整合大连市海洋生物资源研发与加工产业，特别是大力统筹推进海产精深化加工，在此方面，当前九成以上初级加工层次每转化一成为精深加工，预期“十四五”期间将带来产业增值300亿元以上。此外，其更重要的意义在于，当高层次海产加工市场突破区县级而达到市域级量变，将使当前因基数较小而受限的产业短链发生质变，迅速自发向上下游快速延展为产业长链，同时衍生若干相关产业链并彼此交叉形成新的产业节点，进一步辐射放大构成富有活力的新经济网络，从而催生新业态，孵化新企业，衍生新产品，大幅提升海产原料高值化利用率，进而激发指数效应，增加企业数量，提高行业增加值，增强产业竞争力，为发展大健康产业打下前期基础。

第二，更好地发挥政府在科技资源配置方面的作用，赋能企业创新升级。为避免单一企业主导科技研发带来的短视性、单点性、重复性、互斥性局限，建议前期由市政府统筹搭建科技研发和企业孵化平台，确保资金投入目标聚焦、效益最大、辐射最广，可升级目前区校合作的科创小镇等模式，打造辐射半径更广的市级层面科创基地，使集中性研发投入产生最大效能，并可依托学校新校区建设打造与英歌石科学城南北呼应的两大创新高地；后期在孵化企业过程中通过占股等方式增加政府财力，从而进一步加大科技创新投入，逐步实现企业孵化全域覆盖，达到产业整体升级的目标。以此为基础，市场逻辑发展再下一步就是向两维拓展：一维是纵向顺应高端化趋势进入生物医药等领域，另一维是横向顺应辐射性趋势进入相关其他行业领域，即对应以下第三、四两个方面。

第三，布局生命健康高端产业，做高大健康产业中心塔尖。积极鼓励高校、科研院所和企业联手，依托特异性海洋生物资源研发生产各类活性组分，以此作为上游供给基础，有针对性、前瞻性地培育扶持引进下游生物制药等行业头部企业。未来，大连周边沿海区市县可根据海洋生物资源优势分布情况分片建立各品类精深加工产业园区，并随着产能升级，逐步将基础加工产业北移、外迁，辐射带动辽宁“两翼”地区海产加工产业协同发力；在市区内重点发展高附加值、低能耗的大健康高端产业与研发中心，结合商贸、金融、物流等优势，突出“一核引领”作用。

第四，广域辐射带动周边产业，做宽大健康产业中心塔基。将推广和升级海产精深加工产业的成熟技术路线运用到广大农畜产品加工领域，将东三省粮农优势转化为GDP增值优势，打造中国人的蓝海、黑土两大健康粮仓。此外，积极发展健康导向的特色文旅产业以及养老产业，变人口老龄化危机为商机，最终打造集“疗、养、食、居、游”于一体的全国大健康产业中心，并以此为纽带构筑渤海湾区经济带。

后　记

辽东湾的微风裹挟着黑土地的芳香，掠过百年铁轨交织的工业脊梁，在渤海之滨激荡出一曲关于“食”与“势”的磅礴交响。当以战略眼光审视这片14万平方千米的沃土时，映入眼帘的不仅是黄金玉米带与蔚蓝海岸线的地理版图，更是一幅正在徐徐展开的现代食品工业全景画卷。

辽宁的食品工业从来就不是无根之木。从红山文化遗址中碳化的粟粒，到清代“御粮北运”的漕运图谱，从闯关东移民创造的饮食融合密码，到共和国长子时期建设的粮油加工体系，这些历史都已深嵌在黑土地的味觉记忆里，构成了辽宁食品工业最为独特的文化染色体。在梳理产业脉络时，我们始终秉持这样的认知：流水线上的食品包装袋里，封装的不只是蛋白质与碳水化合物，更是一个地域穿越历史时空的生存智慧和生命哲学。

面对“大而不强、全而不精”的产业困局，我们试图在千头万绪中探索破局的出路。当无人机航拍镜头掠过辽河平原连绵的种植基地，热成像仪捕捉到食品加工车间的能量图谱时，大数据算法正在洞察着众多消费者的味蕾偏好。传统工业大省的产业转型，正在经历从肌肉记忆到神经网络的进化。书中那些关于全产业链构建的建议，试图为辽宁食品工业安装数字时代的“味觉导航系统”。

在沈阳老北市升腾的烟火气里，我们窥见了食品工业的另一种可能。当非遗代表性传承人的面塑技艺邂逅3D食品打印技术，当大连海鲜的咸鲜滋味融入元宇宙虚拟宴席，当盘锦稻田化身沉浸式美食剧场，这些看似跳脱的构想，实则是辽宁食品工业突破物理边界的精神突围。本书所描绘的“智慧+食品”图景，本质是在探索工业化时代食物与人类的新型关系建构。

站在辽东湾眺望全球食品产业链，我们清醒认识到：在发展食品工业大省的征程中，辽宁培育的不仅是流水线上的标准化产品，而是具有生态适应性的产业新物种。就像辽东栎能在岩石缝隙中茁壮生长，辽宁食品企业的进化方向应是专精特新的生态位占领。关于多维支撑体系的论述，实则是为这些产业新物种打造顺势而生的环境，让高校实验室的食品开发、特色农业园区中的产业共生、金融资本的营养输送，共同构成生生不息的创新生态。

搁笔之际，正值辽东湾冬季封渔期，渔民们正在休养生息，满怀期待地迎接开春后的开渔时节。届时千帆竞发的壮观场景，恰似辽宁食品工业乘风破浪前行的生动隐喻。那些在书中反复论证的战略路径，终将在实践中接受潮汐的检验与修正。我们深知打造食品工业大省不仅是经济命题，更是文明命题，它关乎如何让黑土地的馈赠在数字时代焕发新生，让工业文明的结晶与农业文明的基因达成和解。

展望未来，结合当前新技术发展趋势，我认为还有几个方向值得深入研究：一是如何基于人工智能大模型推动辽宁食品工业智能化转型，实现产业以数据驱动的智慧化发展；二是如何利用人工智能的个性化营养解决方案，推动辽宁食品工业向精准健康方向演进；三是如何发挥辽宁装备制造优势，打造食品装备制造业的高端化发展；四是如何在食品全产业链上践行绿色发展理念，推动食品产业走资源节约型、环境友好型的可持续发展之路。这些方向都有待后人继续深入探索。

希望本研究能成为一粒火种，若能点燃更多学者对辽宁食品工业的深层思考，便是对课题组200余个日夜躬耕的最好回馈。谨以这份战略蓝图，致敬这片土地上所有为“食”而谋、因“食”而兴的耕耘者与创造者。且看明日之辽宁，必以新“食”力重塑东北亚经济版图的美食坐标。

主要参考文献

[1] 张友南. 对江西建设食品工业大省的几点思考 [J]. 求实，1999 (8)：2.

[2] 罗来武. 发展食品工业大省的经济学分析——以江西为例 [J]. 中国农村经济，1999 (1)：8.

[3] 杨缨，甘建平. 建设食品工业大省必须依靠科技进步实施名牌战略 [J]. 江西农业经济，2000 (5)：31-25.

[4] 蓝瑞浪. 大力发展绿色仪器，有机食品是建设食品工业大省的必然选择 [J]. 江西食品，2000 (2)：3.

[5] 李安华. 把湖南建成食品工业大省的战略思考——鲍沛生访谈录 [J]. 湖南经济，1995 (6)：21-22.

[6] 马核. 湖南何日成就食品工业大省 [J]. 经贸导刊，2003 (7)：4-5.

[7] 佚名. 吉林：优先发展食品工业迈向食品工业大省 [J]. 经济视角 (上)，2008 (10)：18.

[8] 葛天平. 发挥湖北资源优势打造食品工业大省 [J]. 当代经济，2008 (10)：12-13.

[9] 国家统计局. 1995年国民经济和社会发展统计公报 [R]. 北京：国家统计局，1995.

[10] 国家计委. 全国食品工业“十五”发展规划 [R]. 北京：国家计委，2002.

[11] 刘自强．利用我省植物资源发展食品工业［J］．湖南农业科学，1994（5）：43-44.

[12] 桑乃泉．食品工业生产集中度的中外比较研究［J］．南京经济学院学报，1996（4）：43-45.

[13] 徐坚东，陈国庆．上海食品工业向何处去［J］．上海企业，1993（1）：18-20.

[14] 曾翔．广州市食品工业“三资”企业发展的问题、对策与前景［J］．南方经济，1992（5）：52-55.

[15] 李成溥．九十年代云南食品工业发展研究［J］．经济问题探索，1992（4）：26-28.

[16] 黄灿洲．大力发展保山食品工业［J］．经济问题探索，1994（11）：30-32.

[17] 杨荣俊，李立．关于发展江西食品工业的几点意见［J］．企业经济，1998（1）：14-15.

[18] 叶四合，柯振吉．应加快发展河北食品工业［J］．经济论坛，1994（23）：9-10.

[19] 王长云，傅秀梅，管华诗．食品工业技术发展概况与展望［J］．海洋湖沼通报，1996（4）：68-73.

[20] 王薇．依靠科技进步提高食品工业增长的质量和效益［J］．食品科技，1996（2）：1-3.

[21] 张淑茹，石玉川．食品工业贵在创新［J］．食品工业科技，1998（3）：11-12.

[22] 闫雅岚．信息技术对食品工业的影响［J］．安徽农业科学，2008（14）：6130-6131.

[23] 中国轻工总会．下半年我国食品工业发展重点［J］．中国乳品工业，1994（6）：58.

[24] 国家计委．国家将大力扶持食品工业发展［J］．食品与发酵工业，2001（1）：22.

[25] 刘明．沪郊食品工业发展前景与对策探讨［J］．上海农村经济，1994（4）：24-25.

[26] 蒋建平．食品工业发展与农业现代化建设［J］．农业现代化研究，1998（5）：6-9.

[27] 张之玉．台湾食品工业发展策略与趋势［J］．商业科技开发，1994（2）：5-6.

[28] 朱文. 我国食品工业：结构调整的视角探索［J］. 经济体制改革，2010（5）：171–174.

[29] 高欣，陈晓永. 提升河北省食品工业竞争力对策研究——基于显在竞争力的市场占有率评价［J］. 经济与管理，2010，24（8）：66–69.

[30] 杨锦琦. 江西省食品工业发展现状、问题与对策［J］. 企业经济，2010（10）：100–103.

[31] 王薇. 增强自主创新能力促进食品工业跨越式发展［J］. 食品科学，2008（6）：466–474.

[32] 陶文沂. 中国食品工业发展及新技术的应用［J］. 食品与机械，2006（4）：3–9.

[33] 靖飞，俞立平. 中国食品工业技术效率和技术进步——基于各省份主要农产品产量的视角［J］. 中国农村经济，2009（9）：48–55.

[34] 张立英，吕立才. 中国食品工业利用外商直接投资（FDI）的现状、问题及政策建议［J］. 经济问题探索，2008（2）：72–75.

[35] 王图展，周应恒. 我国食品工业和农业的产业关联分析［J］. 南京农业大学学报，2006（3）：127–131.

[36] 常燕平，张鸾. 发展有机食品——21世纪我国食品工业的必由之路［J］. 生产力研究，2005（10）：190–196.

[37] 刘晓真. 关于我国食品工业发展的若干思考［J］. 中国粮油学报，2007（6）：175–178.

[38] 孟素荷. 对中国冷冻冷藏食品工业发展的思考［J］. 食品与机械，2005（4）：4–6.

[39] 袁界平. 实行食品工业污染治理战略转变的障碍与对策［J］. 食品科学，2007（7）：565–568.

[40] 李里特. 要把餐桌主食品作为食品工业发展的主流［J］. 食品工业科技，2000（3）：5–7.

[41] 武戈，张洁. 加入环境因素的增长模型研究——以江苏省食品工业为例［J］. 生态经济，2007（2）：84–87.

[42] 黄圣明. 新世纪之初的中国食品工业发展趋势分析［J］. 食品工业科技，2000

（1）：5-8.

［43］ 励建荣. 中国食品工业的现状及其发展战略［J］. 食品与发酵工业，2001（7）：34-37.

［44］ 孙宝国，刘慧琳. 健康食品产业现状与食品工业转型发展［J］. 食品科学技术学报，2023，41（2）：1-6.

［45］ 王建华，程力，纪剑，等. 食品工业高质量发展战略研究［J］. 中国工程科学，2021，23（5）：139-147.

［46］ 刘凌，姜忠杰，王洁，等. “一带一路”战略下我国食品工业发展的机遇与挑战［J］. 食品与发酵工业，2017，43（2）：1-4.

［47］ 任毅，东童童. “智能制造”对中国食品工业的影响及发展预判［J］. 食品工业科技，2015，36（22）：32-36.

［48］ 朱灵君，王学君. 中国食品工业全要素生产率测度与事实——基于企业微观数据［J］. 世界农业，2017，（6）：60-67.

［49］ 李洪伟，王亮，陶敏，等. 基于因子分析的食品工业企业诚信关键影响因素分析［J］. 征信，2013，31（5）：62-66.

［50］ 山丽杰，徐玲玲，王晓莉. 我国食品工业可追溯体系构建的意愿与水平研究［J］. 河南社会科学，2015，23（7）：77-84；124.

［51］ 宋冬林，齐文浩. 食品安全规制与行业生产率——来自中国食品工业的经验数据［J］. 经济与管理研究，2014（4）：41-47.

［52］ 张驰，刘焱. 食品安全背景下的食品工业旅游模式探索［J］. 食品与机械，2013，29（1）：259-262.

［53］ 程煜. 食品加工企业采购成本管理——评《食品工业企业管理》［J］. 食品工业，2020，41（12）：349.

［54］ 吴林海，李壮，牛亮云. 新中国70年食品工业发展的阶段历程、主要成就与基本经验［J］. 江苏社会科学，2019（5）：21-29；257.

［55］ 王伟. 供应链金融对食品工业发展的影响性分析［J］. 食品工业，2017，38（8）：196-199.

［56］ 王晓莉，吴林海，童霞. 基于碳减排的中国食品工业的生态效率考察［J］. 食品

工业科技，2012，33（19）：353-357.

[57] 王薇. 谈中国食品工业的可持续发展道路［J］. 食品工业科技，2011，32（8）：16-18，20，22.

[58] 尚英. 新发展视野下的高职院校食品类专业学生职业生涯规划——评《全国食品工业“十三五”发展战略研究》［J］. 肉类研究，2019，33（6）：96-97.

[59] 国家发展改革委产业司课题组. 我国食品工业“十二五”发展战略研究（总报告）［J］. 经济研究参考，2013（4）：3-23.

[60] ABABOU M，CHELH S，ELHIRI M.A bibliometric analysis of the literature on food industry supply chain resilience：investigating key contributors and global trends［J］. Sustainability，2023，15（13）：1-19.

[61] MOLIN E，MARTIN M，BJÖRKLUND A. Addressing sustainability within public procurement of food：a systematic literature review［J］. Sustainability，2021，13（10）：1-21.

[62] HE M，YU W，HAN X P.Bibliometric review on corporate social responsibility of the food industry［J］. Journal of Food Quality，2022（7）：1-14.

[63] VELTEN S，LEVENTON J，JAGER N W，et al.What is sustainable agriculture？a systematic review［J］. Sustainability，2015，7（6）：7833-7865.

[64] BIGLIARDI B，FILIPPELLI S.A review of the literature on innovation in the agrofood industry：sustainability，smartness and health［J］. European Journal of Innovation Management，2022，25（6）：589-611.

[65] TEIXEIRA J. Grand challenges in sustainable food processing［J］. Frontiers in Sustainable Food Systems，2018，7（2）：1-19.

[66] FEMI-OLADUNNI O，RUIZ-PALOMINO P，MARTÍNEZ-RUIZ M P，et al. A review of the literature on food values and their potential implications for consumers' food decision processes［J］. Sustainability，2021，14（1）：1-15.

[67] CASTRO I A，MAJMUNDAR A，WILLIAMS C B，et al. Customer purchase intentions and choice in food retail environments：a scoping review［J］. International Journal of Environmental Research and Public Health，2018，15

(11): 1-19.

[68] GÜNDEN C, ATAKAN P, YERCAN M, et al.Consumer response to novel foods: a review of behavioral barriers and drivers [J]. Foods, 2024, 13 (13): 1-18.

[69] LAKNER Z, PLASEK B, KASZA G, et al.Towards understanding the food consumer behavior - food safety - sustainability triangle: a bibliometric approach [J]. Sustainability, 2021, 13 (21): 1-23.

[70] LOSASSO C, CIBIN V, CAPPA V, et al. Food safety and nutrition: improving consumer behaviour [J]. Food Control, 2012, 26 (2): 252-258.

[71] BIGLIARDI B, FERRARO G, FILIPPELLI S, et al. Innovation models in food industry: a review of the literature [J]. Journal of Technology Management & Innovation, 2020, 15 (3): 97-107.

[72] SPADA E, DE CIANNI R, DI VITA G, et al. Balancing freshness and sustainability: charting a course for meat industry innovation and consumer acceptance [J]. Foods, 2024, 13 (7): 1-21.

[73] ZHANG Y, GUPTA V K, KARIMI K, et al.Synergizing blockchain and internet of things for enhancing efficiency and waste reduction in sustainable food management [J]. Trends in Food Science & Technology, 2025, 156 (2): 1-27.

[74] GIACALONE D, JAEGER S R. Consumer acceptance of novel sustainable food technologies: a multi-country survey [J]. Journal of Cleaner Production, 2023, 408 (7): 1-18.

[75] WALLS H, BAKER P, CHIRWA E, et al. Food security, food safety & healthy nutrition: are they compatible? [J]. Global Food Security, 2019, 21 (7): 69-71.

[76] LOBSTEIN T. Food policies: a threat to health? [J]. Proceedings of the Nutrition Society, 2002, 61 (4): 579-585.

[77] NORDHAGEN S, LAMBERTINI E, DEWAAL C S, et al.Integrating nutrition and food safety in food systems policy and programming [J]. Global Food Security, 2022, 32 (5): 1-7.

[78] KOLETZKO B, SHAMIR R, ASHWELL M. Quality and safety aspects of infant nutrition [J]. Annals of Nutrition and Metabolism, 2012, 60 (3): 179-184.

[79] BURLINGAME B, PIÑEIRO M. The essential balance: risks and benefits in food safety and quality [J]. Journal of Food Composition and Analysis, 2007, 20 (2): 139-146.

[80] SMITH T L. Nutrition and food safety [M]. New York: Infobase Holdings, Inc, 2019.

索引

农产品加工—3，8，27，31，32，45，48，50，52，68，70，71，74-76，78，80，83，86，94，96，97，99，107，108，113，121，123，142，205
预制食品—38，54，204
产业集聚—10，25，49，52，53，61，94，96，102，122，184，199，210
产业融合—13，63，99，125，128，135，175，199